广西自然科学基金项目"关系型虚拟社区感知微创新与顾客契合行定理论和社会认同理论视角"（项目编号：2018GXNSFBA2810(

广西科技基地和人才专项"快速迭代背景下产品微创新的演化模式研（项目编号：桂科AD19245134）

广西高等学校千名中青年骨干教师培育项目（桂教师范［2019］81号）的研究成果

U0592862

移动**短视频**平台的
用户使用行为研究
——基于契合理论视角

曲　霏◎著

经济管理出版社

ECONOMY & MANAGEMENT PUBLISHING HOUSE

图书在版编目（CIP）数据

移动短视频平台的用户使用行为研究：基于契合理论视角/曲霏著 . —北京：经济管理出版社，2022.7

ISBN 978-7-5096-8630-0

I. ①移… Ⅱ. ①曲… Ⅲ. ①视频制作—传播媒介—用户—行为分析—研究 Ⅳ. ①G206.2

中国版本图书馆 CIP 数据核字（2022）第 133032 号

组稿编辑：郭　飞
责任编辑：郭　飞
责任印制：黄章平
责任校对：王淑卿

出版发行：经济管理出版社
　　　　　（北京市海淀区北蜂窝 8 号中雅大厦 A 座 11 层　100038）
网　　址：www. E-mp. com. cn
电　　话：（010）51915602
印　　刷：唐山昊达印刷有限公司
经　　销：新华书店
开　　本：720mm×1000mm/16
印　　张：12
字　　数：156 千字
版　　次：2022 年 9 月第 1 版　　2022 年 9 月第 1 次印刷
书　　号：ISBN 978-7-5096-8630-0
定　　价：88.00 元

· 版权所有　翻印必究 ·

凡购本社图书，如有印装错误，由本社发行部负责调换。
联系地址：北京市海淀区北蜂窝 8 号中雅大厦 11 层
电话：（010）68022974　　邮编：100038

前　言

随着移动互联网、大数据技术的成熟，短视频结合信息技术迎合了当下用户的使用习惯，迅速抢占市场，成功地贡献了大量时长和流量的增长。15 秒短视频消磨了用户的碎片化时间，弥补了传统文字、图片和声音信息的现场力表现不足的缺陷，使用户更容易被多维的信息呈现所吸引。移动短视频平台结合社交以及智能手机特性应运而生，正在成为当今社交的主流形态。因此，移动短视频平台一经推出，便迅速吸引了大众的注意力。各大移动短视频平台之间的竞争也日益激烈，纷纷推出吸引用户参与的方案，比如抖音推出的"扶持计划"、快手推出的"光合创作者大会"等。尽管各大移动短视频平台使出诸多营销策略吸引大量的用户群体参与其中，但是如何留住这些用户却不容易。作为平台的普通用户可能黏性不足，这不利于其利润的获取以及长期持续的发展。而高度契合的用户则会积极共享信息和发布内容，相比普通用户拥有更大的影响力、更低的成本和更有效的覆盖力。因此，基于契合理论视角探索用户使用行为进而提升用户对平台的契合是移动短视频平台运行的关键。

在此背景下，本书力求探索移动短视频平台用户使用行为的形成机制，旨在回答以下问题：第一，如何界定移动短视频平台的用户契合？第二，移动短视频平台的使用情境由哪些因素构成？第三，使用情境因素如何通过用户自我心理状态的变化影响其契合行为，其具体的形成机制是什么？基于上述三个问题，本书提出了移动短视频平台的四种使用情境因素，以激励发展的自我系统模型为基础，建立了使用情境影响用户心理过程并最终达成用户契合行为的机制模型，并采用 252 份用户数据样本进行了实证检验。研究结果为移动短视频平台如何留住现有用户并提升用户契合行为提供了理论支持，同时为移动短视频平台如何提升核心竞争力提供了有效的营销建议。

本书的主要特色体现在：第一，现有研究集中在传统社交媒体用户使用行为的相关研究上，缺乏针对当下流行的移动短视频平台用户使用行为的讨论。本书基于激励发展的自我系统模型，构建了"使用情境—基本心理需要—态度契合—行为契合"的研究框架，基于契合理论视角揭示了移动短视频平台用户使用行为的形成机制，弥补了现有研究的不足，为这一主题的研究提供了可供借鉴的新思路。第二，目前，大量研究强调用户契合是一个多维度的静态概念，而忽略了由普通用户转变为契合用户心理过程的动态变化。本书细化了移动短视频平台背景下用户使用行为形成的心理过程，将其分解为心理需要与态度契合两个阶段，细化的心理过程刻画了用户由三种心理需要到态度契合的动态过渡关系，使用户契合行为的形成具有动态性和完整性。第三，本书基于扎根理论构建了移动短视频平台的四种使用情境因素，即信息获取、休闲娱乐、获得关注和社会交往。研究结果发现，不同的使用情境对用户心理需要的满足存在差异，从而影响用户的态度契合及行为契合。

本书的出版凝结了众人的汗水，在此感谢大家的辛勤付出。感谢桂林理工大学商学院的各位领导，本书的出版得到了他们的大力支持和帮助；感谢我的硕士研究生王兰、王念，她们撰写了部分章节内容并修订全书体例，为本书的出版付出了大量的时间和精力；感谢信息管理教研室的各位老师，他们在科研和教学上对我的无私帮助是本书得以顺利出版的前提；感谢我的国内访学导师，同时也是我的博士生导师——天津大学管理与经济学部张慧颖教授，我的研究和写作最初都得益于她的悉心指导；感谢我的父母、爱人和孩子，温馨的亲情是人生栖息的港湾，他们背后默默的支持和鼓励是我在科研上努力向前的动力。

由于笔者水平有限，加之编写时间仓促，书中疏漏与不足之处在所难免，恳请广大读者批评指正。

曲　霏

2022 年 5 月 15 日于桂林

目　录

第 1 章

绪　论

本章首先介绍研究背景，包括近年来移动短视频平台的快速发展情况、用户契合的重要性以及移动短视频平台在用户契合方面存在的困境等；其次指出本书的研究目的和研究意义，在此基础上构建研究内容与研究框架；最后提出研究方法与研究的创新点。

1.1 研究背景

1.1.1 移动短视频平台的快速发展

近年来，伴随着移动互联网、大数据等技术的成熟，移动短视频平台作为新兴的社交媒体形式具备"短、平、快"的特点，迅速抓住了用户眼球。移动短视频平台是一款通过移动智能终端，用户可以拍摄、剪辑、文字图片分享的多功能的视频软件。2014 年，快手从工具类软件成功转型为移动短视频软件。2015 年，快手用户得到突破性的增长。2016 年，抖音作为音乐短视频软件成功上线，背靠今日头条的核心算法优势，迅速成为头条战略级产品。Instagram 上线了主打短视频社交"Stories"，成功实现了用户的快速增长。TikTok 作为抖音的海外版，曾多次登上北美、西欧、东南亚等地区的 App Store 的首位。总体来看，短视频在国内外都受到用户的青睐，具有巨大的增长空间和发展潜力。根据中国互联网络信息中心（CNNIC）第 48 次报告，我国的移动短视频平台用户已逾 9 亿户，占网民总体的 90%，表明移动短视频已经充分渗入人们生活当中，成为互联网基础应用（中国互联网络信息中心，2021）。《2021 年中国网络视听发展研究报告》数据显示，移动短视频平台成为了仅次于即时通信的第二大网络应用（中国网络视听节目服务协会，2021）。15 秒短视频消磨了用户的碎片化时间，弥补了传统文字、图片和声音信息的现场力表现不足的问题，用户更容易被多维的信息呈现所吸引。移动短视频平台结合社交以及智能手机特性应运而生，正在成为社交主流形态。短视频相比图片、语音，能够最大程度地还原当时情景并呈现给自己的社交圈，也就能吸引更多用户关注与使用移动短视频平台。在较短时间内，短视频迅速吸引了大众的注意力，移动短视频平台之间的竞争也日益激烈。抖音、快手、微信视频号等在多个垂直领域抢夺用户，"短视频+"为移动短视频平台注入了新的活力，例如"短视频+电商""短视频+政务"，将移动短视频平台全面推向了垂直细分领域，并进入了快速发展阶段。

1.1.2　用户契合的重要性日益凸显

移动短视频平台借助大数据算法技术，开创了竖屏的沉浸式体验时代。在短视频中，用户同时扮演着内容浏览者和内容创造者两种角色，在这个过程中，用户对移动短视频平台产生持续性的互动和投入，继而产生积极的联系。短视频内容的丰富程度主要取决于个体的用户契合程度。在近年来的文献中，用户契合被用来阐述用户对某一平台动态的心理和行为变化（Prentice 等，2019a）。用户契合的形成主要得益于新媒体的发展和关系营销的深化以及服务主导逻辑的盛行（张辉等，2015）。新媒体的发展促使了用户话语权的回归，提升了他们参与内容生成和价值共创的能力。移动短视频平台作为近年来兴起的用户生成内容（User Generated Content，UGC）平台，用户在借助移动短视频平台展现自我价值的同时，积极参与并生成内容为平台创造巨大的价值。移动短视频平台应当注意到，用户的角色随着新媒体的发展而逐渐转变，从信息和内容的被动接收者过渡到内容的主动创造者（Dolan 等，2019），角色的转变使用户的价值共创过程被移动短视频平台运营方高度重视。另外，根据服务主导逻辑，平台强调用户作为资源出现在价值共创过程中，并与其他的价值创造者存在互动关系。短视频社区作为非交易型虚拟社区，移动短视频平台运营方应当重新审视社交互动、内容生成和口碑推荐等非交易行为，其体现的是用户对移动短视频平台的契合程度。尽管用户契合不能直接创造经济效益，但能够充分发掘潜在用户和市场，将用户作为营销资源是用户契合的核心要素。因此，用户契合对于移动短视频平台的重要程度不言而喻。

1.1.3　移动短视频平台在用户契合方面存在的困境

伴随移动短视频平台迅速发展的是一系列日渐凸显的问题，一方面，移动短视频平台早期需要吸纳众多流量，对低质量的内容采取容忍与让步的态度，致使移动短视频平台由于粗放发展而遗留下众多监管问题；另一方面，移动短视频平台为了抢夺注意力，对低质量的内容予以最大程度的容忍与展示（高宏存和马亚敏，2018），而充斥着低质量内容的移动短视频平台招致了用户的反感情绪。移动短视频平台呈现“重娱乐，轻社交”的模式，大多数用户以娱乐为主要目的，其行为停留在短暂浏览短视频而非持续浏览。普通用户发布的视频点赞数和评论数太少，使得普通用户的内容生成驱动力不足，在某种程度上会影响其他用户的使用体验。移动短视频平台还存在内容同质化日趋严重的弊端。当一个视频火热之后，同类型的视频在短时间内迅速涌现出来，用户被同一类型的视频阶段性地包围，而内容质量却良莠不齐。在这种情况下，用户对频繁出现的视频类型会产生视觉疲劳，进而对移动短视频平台的兴趣也会减弱。在此背景下，国家出台了法律法规对移动短视频平台进行规范化管理，比如中国网络视听节目服务协会 2019 年发布的《网络短视频平台管理规范》（见附录 1-1）。仅靠国家政策法规监管是不够的，移动短视频平台也需要从自身入手，提升其对用户的吸引力。因此，对基于契合理论的移动短视频平台用户使用行为的研究就显得十分重要，具有一定的战略意义。首先，只有明确移动短视频平台用户使用行为的相关机制，发现影响用户行为的重要因素，才能针对移动短视频平台目前存在的弊端制定出有效措施。目前学术界针对移动短视频平台的用户使用行为的研究还处于起步阶段，移动短视频平台的使用情境因素仍需进一步明确。其次，鲜有文献对移动短视频平台情境下的用户契合进行清晰明确的定义和划分。最后，以往的成果中，基于契合理论视角对移动短视频平台用户使用行为的研究略显薄弱，研究框架需要进一步深化。因此，本书欲解决的问题如下：第一，移动短视频平台的使用情境因素是什么？第二，如何重新定义移动短视频平台情境下的用户契合？第三，基于契合理论视角的移动短视频平台用户使用行为研究框架应该如何进行拓展？这些问题都值得进一步进行探讨。

1.2　研究目的与研究意义

1.2.1　研究目的

本书基于契合理论视角，采用动机发展的自我系统模型以及自我决定理论，以基本心理需要、态度契合为中介变量，行为契合为结果变量，构建移动短视频平台的用户使用行为模型。利用调查问卷收集移动短视频平台用户的相关数据，最后通过 Mplus、SPSS 等软件对模型进行检验，从而达到以下研究目的：

第一，明确移动短视频平台用户的使用情境因素。本书采用扎根理论深入探讨移动短视频平台用户的使用情境，最终确定了信息获取、休闲娱乐、获得关注和社会交往四种使用情境因素。

第二，重新界定移动短视频平台用户契合的概念和维度。基于用户契合的研究基础以及结合短视频的应用特性，对移动短视频平台用户契合的概念和维度进行重新界定，使其定义和维度贴合特定的研究情境。

第三，拓展移动短视频平台用户使用行为的研究框架。基于契合理论，采用动机发展的自我系统模型以及自我决定理论，构建了使用情境与用户契合之间多条中介路径，包括使用情境到态度契合的中介路径、基本心理需要到行为契合之间的中介路径，深入剖析移动短视频平台的用户使用行为。

1.2.2　研究意义

1.2.2.1　理论意义

在移动短视频平台情境下，移动短视频平台运营方重视的是用户长期的、持续的非交易行为，因此，用户使用行为研究已经成为移动短视频平台的重要价值来源。然而，现阶段对于用户使用行为的研究仍然停留在品牌契合、交易型虚拟社区等方面，对短视频社区等内容型社区的研究较少。本书基于契合理论视角，融合了动机发展的自我系统模型以及自我决定理论，发掘使用情境因素，并肯定了基本心理需要、态度契合和行为契合在移动短视频平台用户使用行为的重要作用，极大地丰富了现有理论下移动短视频平台的用户使用行为研究模型。

首先，完善了移动短视频平台的使用情境因素。采用扎根理论进一步明确了用户使用移动短视频平台的四种使用情境因素，补充了移动短视频平台使用情境因素的研究不足。

其次，明确了移动短视频平台情境下用户契合的定义和维度。基于前人的研究成果以及移动短视频平台情境，将用户契合划分成两个维度：态度契合与行为契合，此外，结合用户使用习惯，将行为契合进一步划分为持续浏览与 UGC，为移动短视频平台情境下的用户契合研究提供了新的参考。

最后，拓展了移动短视频平台情境下的用户使用行为的研究框架。立足于动机发展的自我系统模型和用户契合理论，构建了"使用情境—基本心理需要—态度契合—行为契合"的研究框架，进一步完善了短视频情境下用户使用行为的内在机制，拓展了短视频情境下用户使用行为的研究框架。

1.2.2.2 实践意义

短视频促进平台经济发展，为发展注入新动力。移动短视频平台的发展是未来互联网经济的战略增长点和突破点。在 5G 时代，移动短视频平台的边界将继续扩展和延伸，虚拟社区正在成为活力最强、接受度最高的互联网产品之一。随着互联网"马太效应"的程度加深，移动短视频平台正面临着一定的"瓶颈"，例如，用户黏性不强、营销成本过高等。移动短视频平台为移动短视频营销提供了广阔的营销环境，互联网巨头纷纷打造移动短视频平台，移动短视频平台呈现百花齐放的局面，正因为移动短视频平台品牌众多，用户的选择也很多，然而大部分用户并没有成为深度用户，无法为移动短视频平台创造出更多的价值。因此，研究移动短视频平台情境下的用户使用行为具有重要的现实意义。本书的实践意义在于以下两点：

第一，对于用户而言，契合的用户会向平台提供优质的内容，具有成为营销资源的潜力，降低移动短视频平台的营销成本。对于移动短视频平台而言，用户契合有助于提高用户转化率，提升自身的竞争力，改善其后续发展动力不足的问题，从而加快互联网行业的进程。因此，基于契合理论视角研究移动短视频平台用户使用行为成为推动移动短视频平台迅速发展和扩张的重要手段。

第二，为移动短视频平台如何有效运营提供建议。通过对用户使用情境因素的深度挖掘，即从信息获取、休闲娱乐、获得关注和社会交往四个方面对移动短视频平台如何有效运营提供建议，以期完善移动短视频平台的基础功能建设。此外，通过满足用户自主需要、胜任需要和关系需要，并针对性地提供相关政策，以强化用户使用移动短视频平台的体验，对移动短视频平台的长远发展具有战略性意义。

1.3 研究内容与研究框架

1.3.1 研究内容

第1章为绪论。首先阐述移动短视频平台的研究背景，提出研究问题，并着重分析研究移动短视频平台用户使用行为的理论意义与现实意义。同时，详细分析研究目标，并选择研究方法，制定研究框架，详述研究创新点，为之后的研究打下基础。

第2章为文献综述。对移动短视频平台的用户使用行为以及用户契合的相关文献进行梳理，并进行文献述评，发现当前的研究不足。

第 3 章为基于扎根理论的理论模型构建。采用扎根理论的基本逻辑，按照开放式编码、主轴式编码和选择式编码的程序初步构建移动短视频平台的用户使用行为理论模型。

第 4 章为研究假设。首先提出本书的理论研究模型，然后进行研究假设推导。其中，主效应假设推导包括使用情境对基本心理需要的研究假设，基本心理需要对态度契合的研究假设以及态度契合对行为契合的研究假设；中介效应假设推导包括基本心理需要的中介效应研究假设以及态度契合的中介效应研究假设。

第 5 章为实证研究设计。本章主要包括研究设计和数据的描述与统计分析。在研究设计部分，详细介绍了各变量的测量、调查问卷的设计以及数据的收集过程；在数据描述与统计分析部分，进行了样本和变量的描述性统计分析。

第 6 章为数据处理与模型检验。本章为数据处理与模型检验部分，包括数据的信效度分析、主效应检验和中介效应检验。利用 SPSS 检验数据的信度和效度，利用 Mplus 和 Bootstrap 进行主效应检验和中介效应检验。

第 7 章为研究结论与未来展望。首先，对研究结论进行详细的阐述；其次，得出管理启示；最后，提出研究局限与未来展望。

1.3.2　研究框架

本书的技术路线如图 1-1 所示。首先，通过绪论部分，阐述了选题背景、研究意义以及研究创新点，并进行了相关文献综述，提出研究不足。其次，采用扎根理论初步构建理论研究模型，提出主效应以及中介效应研究假设。最后，通过研究设计检验研究模型，提出管理建议以及对未来研究进行展望。

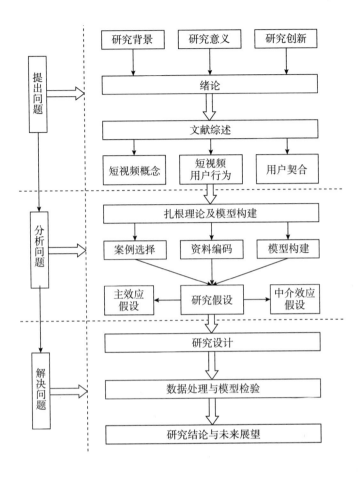

图 1-1 本书的技术路线

1.4 研究方法与创新点

1.4.1 研究方法

（1）文献研究法。对相关研究文献进行梳理，提出现有文献研究的不足。以动机发展的自我系统模型、自我决定理论以及用户契合理论作为基础，构建移动短视频平台用户使用行为的理论框架。

（2）问卷调查法。利用调查问卷收集相关数据，所有量表均来自国内外成熟量表，经过多次调研，听取相关专家的意见，并根据专家意见反复多次修改形成正式问卷。对抖音、快手、哔哩哔哩、微信视频号和微博视频号等多个移动短视频平台的用户进行问卷调研收集数据。

（3）统计分析法。采用 SPSS、Mplus 等软件，对问卷数据进行相关处理，利用 SPSS 软件进行数据的描述性统计分析，以及数据的信度和效度分析；利用 Mplus 软件对主效应模型和中介效应模型进行检验。

1.4.2　研究的创新点

（1）结合用户契合相关研究成果以及移动短视频平台特性，本书将用户契合划分为态度契合与行为契合，行为契合进一步划分为持续浏览与 UGC。目前有关用户契合的文献将用户契合普遍界定为认知、情感和行为维度，并将这种定义从传统服务场景进一步延伸至在线情境。因此，本书采用态度契合与行为契合来刻画用户契合，既在前人研究的基础上简化了对用户契合的维度划分，又完善了用户契合的基本含义。另外，通过对行为契合的进一步细分，不仅贴合了移动短视频平台的研究情境，而且对移动短视频平台用户的契合行为进行了简短而明确的界定。本书对移动短视频平台情境下用户契合维度的划分，打破了将传统服务场景的用户契合维度沿用至在线情境的尴尬局面，是对用户契合在概念和维度上的进一步深化。

（2）基于动机发展的自我系统模型，构建"使用情境—基本心理需要—态度契合—行为契合"的研究框架。目前基于契合视角的短视频用户使用行为的研究主要集中在用户、社区及环境等层面，研究框架较为单一，仅有李晓明和张辉（2017）构建了"情境因素—心理需要—动机内化—契合行为"的研究框架，从情境因素考虑了契合行为的诱发因素，但是现有框架在用户契合的研究上略显单薄。为了弥补现有研究不足，本书结合移动短视频平台情境特性，基于动机发展的自我系统模型，构建了"使用情境—基本心理需要—态度契合—行为契合"的研究框架，凭借这一新框架，将使用情境对自我系统的关系置于重要地位，为未来的移动短视频平台情境的契合理论研究提供了新的分析视角。该模型解释了情境因素如何影响个体自我系统，从而提升他们的契合行为。

（3）考虑移动短视频平台用户交互对象的差异，本书借助于扎根理论提出信息获取、休闲娱乐、获得关注和社会交往的四种移动短视频平台使用情境因素，验证了使用情境因素对移动短视频平台用户契合的重要性。在移动短视频平台情境下，用户的身份具有多重性，既作为移动短视频平台的浏览者，也作为短视频的发布者，短视频将浏览者、移动短视频平台与发布者进行连接和交互，并最终影响移动短视频平台用户的契合行为，移动短视频平台用户与移动短视频平台之间以及移动短视频平台用户相互之间的交互是影响移动短视频平台情境的关键因素。本书采用扎根理论提出了移动短视频平台的使用情境因素，为移动短视频平台背景下的使用情境因素的细分提供了新的见解，同时为拓宽移动短视频平台用户使用情境因素的研究提供了借鉴。

（4）以往的研究在考察用户契合时，对用户心理变化的动态过程并未给予足够的重视。本书细化了移动短视频平台背景下达成用户契合的心理过程，将其分解为心理需要与态度契合两个阶段，细化的心理过程刻画了用户由三种基本心理需要到态度契合以及行为契合的动态过渡关系，使达成用户契合的心理过程具备完整性，不再局限于单一、静态的心理层面因素。同时，肯定了基本心理需要、态度契合在达成移动短视频平台用户契合中重要的中介作用，是对现有文献关于移动短视频平台用户使用行为研究的深化，为移动短视频平台明确潜在的营销驱动路径提供了理论支持。

第 2 章

文献综述

本章对移动短视频的概念与特点、移动短视频平台的用户使用行为、用户契合的概念、维度和相关研究进行了详细的综述。然后，对现有文献进行述评，指出研究不足。

2.1 移动短视频的概念与特点

移动短视频的概念随着时间的推移，定义的侧重点也逐渐转移。张梓轩等（2014）将移动短视频定义为基于移动终端的社交应用，允许用户利用智能终端进行拍摄、编辑并上传到互联网的移动应用，强调了短视频的可移动性以及功能性。艾媒咨询（2019）将短视频定义为依附于智能终端设备的发展与完善，在互联网媒介上快速传播的，时长不超过5分钟的视频，其主题融合了多种主题，包括知识分享、记录生活、幽默短片、社会热点等，艾媒咨询对于短视频的定义侧重于移动短视频短小、内涵丰富的特点。张如静和杨葆华（2018）将短视频定义为在各种新媒体平台播放的、适合在移动状态和短时休闲状态下观看的、高频推送的视频内容，时长一般在5分钟以内，主要突出了短视频碎片化的特点。本书结合上述定义，将移动短视频平台定义为拍摄、编辑以及上传一体化的移动社交应用平台，可供用户进行浏览拍摄、点赞评论等活动，并具备视频时间短小且易于传播的特点。

当前，短视频迎合了受众的需要，作为新型社交媒体出现在用户眼前，以"短、平、快"的特点迅速被用户接纳。短视频快速地满足了用户的信息需要、消磨了用户的碎片化时间，扩大了用户的社交范围，提升了信息和内容的传播速度。与其他媒介相比，移动短视频的特点具有以下五点：

第一，信息密集。以往的平台需要通过文字和图片的叠加才能完整地表述相关内容。短视频具有叙事场景化，以视频形式传播信息，比传统的图片和文字能承载更多的信息内容，表现形式也丰富多样，迎合了当下对信息的多元化需要，最大限度地还原了场景。依靠个性化信息推荐机制，能为用户分发相应的信息内容。短视频由于信息密度高，成为用户获取信息的首选。

第二，碎片化传播。面临信息爆炸增长与休闲时间的有限性之间的矛盾，需要解决的一个问题就是如何快速获取信息。利用通勤、排队等时间来阅读、获取更多信息成为更多人的普遍选择。碎片化传播使信息或知识传播更加及时和便捷。短视频受到时间限制，往往能剪辑出最吸引用户的片段，碎片化传播也符合当下用户的使用习惯与使用特点，以及能最大程度地满足用户对信息、知识的即时性满足，为用户带来"获得性快感"。

第三，社交属性。移动短视频平台用户发布的内容依靠推荐功能，分享给感兴趣的人。移动短视频平台设置了点赞、评论、分享和关注等功能，这些功能在一定程度上强化了短视频的社交属性。借助移动短视频平台的运转机制，使不同社会距离和地理距离的用户能在同一平台上互动，扩大了人际交往的范围。短视频在满足用户信息需要与内容需要的同时实现了社交的线上扩展，深化了用户的社交体验。

第四，传播速度快。随着移动终端设备的功能完善，短视频能够借助智能设备迅速扩散。另外，短视频的时长通常控制在 5 分钟以内，由于时间的限制，短视频在制作上通常会突出重点，内容丰富，产生巨大的传播流量。基于移动短视频平台庞大的用户群，一段短视频经过短时间的发酵，能迅速地在平台上传播开。短视频的传播不受用户本身交际范围的限制，无论用户是否处于网络中心，短视频都能得到一定的关注，"长尾效应"显著。

第五，创意娱乐。在注意力经济下，娱乐性内容是移动短视频平台用户易于接受的主要内容，短视频通过娱乐化内容获得用户注意力。短视频主题包罗万象，街头采访、才艺表演、模仿等方式层出不穷，内容老少皆宜。依靠推荐机制，每个年龄层的用户都能从中找到喜欢的内容。短视频的拍摄与制作也逐渐趣味化，用户也逐渐采用短视频作为记录生活和日常的主要方式。

2.2　移动短视频平台的用户使用行为研究综述

移动短视频平台的用户使用行为等相关文献主要从动机因素、平台或系统特征、用户特征因素等角度进行研究，移动短视频平台的使用行为主要集中在内容贡献行为、用户参与行为、持续使用行为以及契合行为，同时对移动短视频平台的负面使用行为也有一定程度的研究。

第一，探讨动机因素对移动短视频平台用户使用行为的影响，例如内容贡献行为、心流体验以及采纳行为等。Huang 和 Su（2018）认为，Instagram 的视频使用动机主要是社交互动和注意力转移动机，性别、文化背景和成瘾程度都影响使用动机的形成。Bi 和 Tang（2020）研究了短视频创作者的行为与动机之间的关系，结果表明，信息传播、经济利益、情绪控制和自我表达是影响短视频创作者行为的主要动机。同时发现，短视频创作者群体存在着专业化发展的现象，其创作的内部规模呈现出同向发展的趋势。Wang（2020）认为，社交存在感、娱乐感和观众沉浸感影响用户采纳短视频的意愿。任高飞和陈瑶瑶（2020）认为，移动短视频平台的使用动机主要集中在享乐动机、社交动机以及功利动机，移动短视频平台的使用动机能进一步促进短视频的参与，从而提升工作绩效。黄鑫昊和冯馨瑶（2021）通过系统动力学挖掘了大学生内容生成的动力机制，并通过结构方程模型验证了感知有用性、社会认同以及平台因素是大学生主动生成内容的主要动力。熊开容等（2021）通过关键事件法分析移动短视频平台用户如何产生心流体验，主要依赖于算法技术水平、UGC 质量、社会责任、时间付出以及价值期望等因素。郭新茹和康璐玮（2022）借助认知盈余理论，对用户参与短视频的内容贡献动机进行深入考察并研究发现，生产冲动、社会感染性驱动以及创作热情激生以及社交诉求是短视频内容贡献的生产动机。

第二，从移动短视频平台特征或系统特征等角度考察其对用户使用行为的影响。龚艳萍等（2020）认为，短视频的应用特性对短视频的参与行为具有一定的驱动性，即娱乐性、原创性、个性化和社交化正向促进用户的心理参与，继而影响用户参与行为。王微等（2020）的研究表明，信息、信息环境和信息技术通过传播意愿对移动短视频UGC 网络舆情传播行为产生正向影响。田晓旭等（2022）结合 SEM 和 fsQCA 方法，以信息系统成功模型为基础，考察短视频用户持续参与的影响机制。研究表明，信息质量、服务质量和个性化推荐质量能通过感知因素作用于持续使用行为。黄艳等（2022）以信息系统成功理论为切入视角，结合用户满足理论，证实了信息系统性能对短视频用户的信息分享行为有促进作用。

第三，从用户需要、人格特质、用户中心度等用户特征角度研究

其对移动短视频平台使用行为的影响。关升亮和李文乔（2020）利用
质性研究得出用户使用短视频的影响因素，并认为驱动短视频用户使
用行为的因素主要包括个人信息需要、个人价值需要以及个人情感需
要。匡亚林和李佳蓉（2021）采用 SOR 框架提取持续使用短视频的影
响因素，通过构建持续使用短视频的用户画像和用户规律，发挥短视
频的媒介优势以扩大政务宣传。杨志勇和赵芳芳（2021）结合社会资
本理论，分析了网络中心性与用户契合之间的非线性关系，并考察了
其边界条件。结果表明，网络中心性与用户契合之间存在非线性关系，
信息体验性以及信息满足性强化了网络中心性与平台契合之间的倒 U
形关系，而自我建构对两者的调节关系并不显著。Meng 和 Leung
（2021）调查了中国用户有关寻求满足、自恋和个性特征在 TikTok 契
合行为（即贡献、提升和创造）中的作用。通过在线问卷调查，从
526 名 TikTok 用户样本中收集了数据。因素分析证实了 6 种满足感：
逃避、时尚、娱乐、信息寻求、经济利益、社交寻求。另外，具有外
向者和自负人格特质的人在贡献、提高和创造 TikTok 契合行为方面最
为活跃。结果还显示，具有自恋的人格特质会积极地给予点赞、评论、
转发和关注他人。现有少量文献从多个角度，例如人机交互角度探索
移动短视频平台的用户使用行为。赵瑜（2021）认为，短视频开创了
人机互动的新形式。李晶等（2022）认为，人机交互成为短视频中的
重要场景，并从情感和认知两个角度分析社会临场感对于用户的短视
频使用行为的具体影响。结果表明，短视频的社会临场感与用户的移
动短视频平台使用行为（例如用户点赞数量、视频播放量等）相关。

现有研究对移动短视频平台的负面使用行为（例如过度使用、消
极使用以及移动短视频平台成瘾行为）有一定的研究。王建亚等
（2020）基于使用满足理论与社会认知理论对大学生群体过度使用短

视频的影响因素进行了分析。实证结果表明了同伴压力、娱乐消遣、信息获取、压力缓释以及逃避现实是过度使用短视频的主要因素。而媒介素养、自我控制对移动短视频平台的过度使用具有消极作用。张大伟和王梓（2021）考察了短视频平台用户的消极使用行为，以 SOR 框架探讨用户不持续使用意向。研究表明，消极的信息因素缺失会导致用户的使用倦怠情绪，从而促进用户的不持续使用意向。Zhang 等（2019）发现社会因素（包括社会隔离和社会互动焦虑）和技术因素（包括娱乐和个性化）对短视频的人际依恋和场所依恋呈正相关，并对短视频用户成瘾有显著影响。

综合国内外有关移动短视频平台用户使用行为的研究成果可知，学者从动机因素、平台或系统特征、用户特征等多个角度展开对贡献内容行为、持续使用行为、用户参与行为以及移动短视频平台的负面使用行为的研究和探讨，以上文献为后续的有关移动短视频平台研究提供了一定的理论框架和研究参考。同时，虽然有少数学者从人机交互角度探讨用户的使用行为以及针对移动短视频平台情境下的用户契合进行了一定程度的研究，但对于相应的因素只是进行简单归纳，研究仍处于起步阶段。

2.3 用户契合的概念与维度

用户契合起源于顾客契合。顾客契合的提出以传统的经济模式为背景，即以企业提供服务、顾客接受服务为主的二元关系。随着平台经济的深入，出现了接受服务用户、提供服务用户和平台，平台在接受服务用户和提供服务用户之间充当桥梁角色，用"顾客"去描述平台经济下的价值创造者已经不再适用，顾客在此背景下演化成了用户，顾客契合也随之转变为用户契合，但顾客契合仍可作为用户契合的立足点。企业界和学术界对用户契合的探索背景是在新型媒体快速发展、关系营销范式的深化和服务主导逻辑盛行的环境中进行（张辉等，2015），但是对于用户契合的概念，企业界和学术界都不存在统一的概念和标准，存在一些争议，对于用户契合的概念、维度并未达成一致。

"顾客契合"一词首先出现在盖洛普杂志上，但并未明确其具体概念。企业界对顾客契合的定义建立在营销学的基础上，突出其可操作性。广告研究基金会（Advertising Research Foundation，ARF）对于顾客契合的定义是：企业为顾客制定营销活动，通过营销活动去促使顾客的交易行为，以此来提高市场占有率和盈利。经济学人智库（Economist Intelligence Unit，EIU）则将顾客契合定义为企业与顾客的密切而长期的关系，并与之建立更深层次、更长久、超越交易以外的关系。国家标准与技术研究所（National Institute of Standards and Technology，NIST）认为，顾客契合体现的是顾客对企业的投入，契合的顾客会对企业保持忠诚，并且相对于普通顾客更希望与企业建立深层次的关系。企业界对顾客契合定义强调的是顾客与企业之间存在的关系，并且企业希望顾客通过这种关系长期稳定地存在从而获得超越交易的价值。

顾客契合是侧重心理层面还是侧重行为层面，顾客契合是单维度定义还是多维度定义，学术界对此无定论。在单维度定义方面，学者对于顾客契合的概念既有侧重心理的，也有侧重行为的。Bowden（2009）认为顾客契合是一种促进了顾客忠诚的心理状态。Vivek 等（2014）认为顾客契合是顾客对产品或服务的关注强度以及顾客对企业发起活动的行为强度。从多维度定义来考虑，顾客契合不仅包括心理状态，同时还包括行为表现。通常学者从认知、情感、行为三个维度来描述顾客契合。Hollebeek 等（2014）定义顾客品牌契合是一个多维的概念，包含了认知、情感、行为维度，并认为顾客契合是消费者与品牌互动过程中或与其相关的认知、情感和行为活动中，积极评价品牌的价值。Brodie 等（2013）指出，顾客契合包括认知、情感和行为三个维度，并且根据顾客在特定条件下与特定对象的互动，共同创造价值体验。单维度定义具有简单易操作的优势，而多维度定义从多个角度全面地刻画了顾客与公司或社区除交易以外的关系。在最近的研究中，学者一致认为顾客契合为多维度概念。

顾客契合作为多维概念，大部分学者将认知、情感和行为频繁地定义为顾客契合的维度。宁连举等（2018）研究了网络社群中顾客契合对社群成员知识共享意愿和共享行为的影响机理，同时从三个维度来阐释顾客契合，即认知维度、情感维度和行为维度。徐颖等（2019）在探究虚拟社区中 CSR 共创的知识共享行为，也从三个维度描述顾客契合，但有别于宁连举等的研究，分别为认知契合、情感契合和意动契合。Zhang 等（2017）在探析顾客契合与社交网络对用户黏性的影响，对顾客契合划分为自发参与、热情和社会互动。Harrigan 等（2017）在研究顾客契合与品牌使用意图的关系研究中，基于认知、情感和行为维度，将顾客契合划分为认知过程、情感和激活。也有一些学者根据研究主题对顾客契合进行了不同的划分，但也围绕情感和行为的维度进行展开。王高山等（2019）在顾客满意的模型上，结合动机理论，将顾客契合作为结果变量划分为态度契合、再惠顾与社交互动。Islam 等（2019）在揭示服务情境下的顾客契合的前因变量时，从情感、态度和行为三个维度来描述顾客契合。Prentice 等

（2019a）通过认同驱动的顾客契合对购买意向的研究，将顾客契合划分为顾客态度契合和顾客行为契合。Molinillo 等（2020）在研究社会支持和社区因素对顾客契合的影响，从认知、情感和行为将顾客契合划分为奉献、专注和活力。

学术界对用户契合的研究起步稍晚，早期的研究以概念性论述为主要趋势。之后，用户契合是多维概念逐渐被大多数学者所接受，用户契合经常被定义为认知、情感和行为三个维度，并逐渐被应用到更多的场景与领域，用户契合的概念也随之得到进一步的深化。然而，在线情境的用户契合的概念与维度仍然沿用其在传统服务场景的概念与维度，限制了用户契合在其他场景的进一步拓展，未来研究可对在线情境的用户契合的定义与维度进行更精准和贴合研究背景的定义。

2.4 用户契合的研究综述

在有关用户契合的相关研究中，学者多从环境或组织层面、社区特征、用户层面对用户契合展开研究，同时也有学者综合企业、用户以及环境等多个角度对用户契合进行了初步探索。

首先，在环境层面或组织层面，用户契合研究主要集中在交易型社区。Shahbaznezhad 等（2020）基于 Facebook 和 Instagram 情境，通过上千条社交媒体帖子以及上万条评论和点赞的二手数据，探讨社交媒体内容对用户契合的影响。该研究结果证明，内容情境的格式与平台对社交媒体主动契合与被动契合都具有直接的影响，而内容情境对于内容的类型（理性内容、情感性内容以及事务型内容）与用户契合之间具有调节作用。在交互式数字平台下，Islam 等（2017）探究了在线品牌的特征对用户契合的促进机制，结果验证了在 Facebook 在线品牌社区，信息质量、系统质量、虚拟互动性和奖励会对用户契合产生影响，而用户契合进一步对品牌忠诚产生了正向影响。毛倩等（2021）研究了数字化环境与顾客契合之间的关系。研究表明，数字化环境的 4 个维度（速度、透明、简单、有趣）正向影响顾客企业社会共创，而社会责任关联负向调节了数字化体验环境与价值共创之间的关系，价值共创进一步提升了顾客契合程度。李慢和张跃先（2021）揭示了网络服务场景对顾客契合的作用机制。研究结果表明，网络服务场景正向作用于顾客契合、网络信任，而服务场景中的审美诉求间接作用于顾客契合。贺爱忠和刘沙沙（2021）研究了社交媒体品牌页面特征对顾客契合行为的作用机制。通过对新浪微博用户进行调研，发现品牌页面特征（社交互动价值、视觉外观和身份吸引力）均正向影响用户体验感知，用户体验感知进一步提升了品牌页面态度，进而促进了顾客契合行为。而用户体验感知、品牌页面态度则在社交媒体页面特征与顾客契合行为之间具有链式中介效应。

其次，社区特征对用户契合具有正向影响的关系。虚拟社区用户契合在很大程度上取决于与社区相关的信息质量、系统质量以及关系质量。虚拟社区的高信息质量为客户提供了丰富的体验，增强了他们的积极品牌影响力，并最终保持与品牌社区建立长期稳定关系以及增强他们的契合意愿（Dessart 等，2014；Dholakia 等，2009）。Hollebeek 等（2011）认为虚拟社区的关系质量对顾客契合产生积极的影响，高关系质量正向促进顾客契合。Barreda 等（2015）认为，系统质量为用户提供虚拟社区的第一印象，使其对社区的可见元素迅速做出积极的反应，确保顾客信任和满意，并诱导重复使用该社区。Kunz 和 Seshadri（2015）认为，高的在线交流质量能体现出对虚拟社区以及社区成员的关注，产生深层次的情感联系。骆培聪等（2020）证实了在旅游社区的服务质量积极促进了顾客契合。韩小芸等（2019）认为系统质量直接影响顾客契合，而信息质量通过关系质量对顾客契合产生影响。Rietveld 等（2020）通过机器学习模型，证明了 Instagram 的帖子在内容生成图片上、视觉情感和信息吸引力上积极影响顾客契合，该发现有助于开发合理的用户策略。Duong 等（2020）研究品牌页面特征对顾客契合的影响，通过对 Facebook 的样本进行调查分析，互动性和内容质量对顾客契合的情感维度和认知维度产生了积极影响，进而对行为维度产生影响。

再次，在用户层面，对于用户契合的研究主要集中在用户的感知价值、参与动机、社会互动以及网络中心性等个体因素。Zhang 等（2015）认为，对在线创新社区形成态度契合主要有品牌资产、社区意识和货币刺激三大动机。另外，还补充了用户共创经验会调节动机与契合之间的关系，该研究初步探索了在线创新社区的契合关键因素。韩小芸等（2016）关注了非交易型社区的契合行为模式，构建了"感知—认同—契合行为"模型。实证结果表明，用户感知功能价值、感知社交价值以及感知娱乐价值均对社区认同产生促进作用，社区认同对用户契合行为具有积极的促进作用。Khan（2017）将用户契合概念化为主动参与与被动内容消费，根据使用满足理论框架，调查了 You-Tube 的用户行为。结果显示，点赞与不点赞视频是休闲娱乐的最强预测因子，社会互动正面促进了评论和上传等行为，信息提供正向促进了分享行为，休闲娱乐促进了观看视频等被动内容消费形式。周泽鲲等（2019）同样关注了旅游社区的非交易行为，并从用户参加动机角度阐释了用户契合的影响机制。研究结果表明，参与社区动机对行为契合具有显著的正向影响，对态度契合具有显著的正向影响，并且旅游虚拟社区想要实现用户的契合行为，应首先实现态度契合。Luo 等（2019）通过社会交换理论揭示了用户为什么会自愿契合在线旅游社区。根据在线旅游社区的调查数据显示，信息交换、社会交换对认知、情感契合具有正向促进作用，认知契合、情感契合在社会互动与行为契合之间具有重要的中介作用。结果显示，社会互动（信息交换、社会交换）是顾客契合的重要催化剂。杨志勇和赵芳芳（2021）基于短视频情境探讨用户的网络中心性对平台契合行为的倒 U 形关系。另外，将平台信息质量、自我建构作为该研究模型的边界条件。结果发现，网络中心性对平台契合的非线性关系成立，平台信息质量提升了其非线性关系，而自我建构的调节作用并不显著。

最后，有学者从企业、用户和环境等综合角度对传统服务场景的用户契合进行了初步的探索。Verhoef 等（2010）基于顾客契合领域的7 篇权威文献提出顾客契合的框架，从顾客特征、企业主动性和环境三个方面分析了顾客契合的驱动因素。Doorn 等（2010）构建了顾客契合概念模型，从顾客、企业和环境梳理了顾客契合的驱动因素，形成了顾客契合驱动模型。基于顾客的驱动因素包括满意、信任、承诺、个性和消费目的、资源和感知成本以及感知价值。基于企业的驱动因素则包括品牌特征、企业美誉度、企业信息使用与处理等。基于环境的因素则包括竞争因素、政治、经济、社会和技术等。Wirtz 等（2013）通过在线品牌社群研究，从顾客和企业的双重视角构建了顾客契合驱动模型，并且提出了顾客契合的三大驱动因素：品牌关联、社会和功能。Verhoef 等、Doorn 等、Wirtz 等对顾客契合驱动因素的研究，其重点在于企业战略和营销管理，为后续研究提供了相应的理论支撑和指导方向。现有文献中从交互角度研究在线环境的用户契合则比较少。

Xue 等（2020）基于"刺激—机体—反应范式"和信息影响的敏感度，探讨现场互动对社会商务契合的影响。研究发现"主播—顾客"互动的个性化、反应性以及娱乐性、顾客与顾客交互的互动性、顾客与平台交互的感知控制，积极影响感知有用性，负向影响感知风向与心理距离，并进一步促进社会商务契合。孟艳华等（2020）通过研究发现，消费者对于信息型和情感型的注意力差异明显，网络主播的专业互动和网络直播间的背景氛围对顾客契合的影响度较高。

现有文献多集中在环境、社区、用户以及多个层面交互的角度去探索在线环境以及传统服务场景的用户契合，前人的文献在一定程度上完善了传统环境或在线场景的用户契合的形成机制，对以后的研究有一定的指向性。但对在线情境用户契合的研究仍存在较大空间。大部分文献的研究框架仅考虑了不同因素对用户契合的直接影响，研究框架需要进一步细化和拓展。除此之外，现有文献尽管从多个角度考察对用户契合的影响，但却对形成用户契合的心理过程少有研究，未来研究对用户契合框架的细化以及形成用户契合的心理过程应给予充分关注。

2.5　文献述评

本章通过对用户契合的相关文献进行梳理，发现学术界对用户契合的概念和维度研究已经比较成熟，并且进行了广泛的验证。然而，移动短视频平台的出现对以往积累的用户契合研究提出了挑战。本书试图基于用户契合理论视角对移动短视频平台的用户使用行为进行深入探讨，进而弥补现有文献的研究不足。

第一，在现有移动短视频平台用户契合的研究文献中，其研究框架较为单薄。学者从用户契合的角度对用户使用行为进行了一定程度的探讨，认为环境因素、社区因素和用户因素是形成用户契合的重要因素，这些研究为后续的用户契合在机制分析上提供了一定的借鉴作用。然而现有大部分的研究文献只考虑了环境因素、社区因素或用户因素对其的直接影响。用户契合虽然得到了比较全面的考察，但单一的框架仍不足以解释用户契合的形成机制，而相对复杂的用户契合研究处于质性研究，缺乏实证支持。因此，基于契合视角的移动短视频平台用户使用行为的相关研究应结合现有成果对研究框架进一步深化，从而提升用户契合研究的解释力。

第二，移动短视频平台的使用情境因素缺乏合理的归纳。移动短视频平台作为新兴媒体技术，备受学术界的青睐。目前，学者从动机因素、平台或系统特征、用户特征等多个角度考察其对移动短视频平台用户使用行为的影响，这些研究从不同的角度切入，深入挖掘移动短视频平台用户的使用情境因素，为后续对移动短视频平台的深入研究提供学术观点和理论框架。虽然有大量文献对移动短视频平台用户使用情境因素进行研究，却仅限于对其简单归纳。对于移动短视频平台而言，用户的使用情境将决定着平台未来的运营方向，仅对使用情境因素进行简单归类，对深入理解移动短视频平台用户使用行为远远不够。因此，未来研究需要结合移动短视频平台以及用户的特性对使用情境因素进行合理明确的归纳。

第三，移动短视频平台用户契合的概念与维度仍然需要重新定义。现有文献对用户契合维度和概念的研究比较成熟，对于用户契合的维度开发形成了丰富的研究成果。虽然学术界普遍承认用户契合的重要性，但用户契合的定义和维度仍存在较大的争议。用户契合的概念从传统情境中延伸至在线情境中，导致在线环境的用户契合维度仍然沿用传统服务场景的维度划分。传统环境的用户契合维度经常被划分为认知、情感和行为，难以覆盖在线环境中用户契合的维度。特别是移动短视频平台作为内容型平台，应当结合具体情景赋予新定义与新维度，这对移动短视频平台的用户契合研究具有一定的参考价值。

第四，现有文献忽视了用户契合发生的心理机制。当前的研究文献考察了环境、社区以及用户因素对用户契合的直接影响，能够比较全面地描述用户契合的前因，但是用户契合形成的心理过程并未得到足够的关注。用户契合是一个多维动态的概念，包含心理与行为两个维度，并且其形成是长期性的。但是，现有文献对形成用户契合的心理过程研究较少，忽视了由普通用户转变为契合用户的心理过程的复杂性和动态性。因此，未来的研究应对形成用户契合的心理过程给予充分的关注，以补充现有文献对用户契合心理机制研究的不足。

第 3 章

基于扎根理论的理论模型构建

本章采用扎根理论初步构建了移动短视频平台的用户使用行为模型。首先，对抖音、快手和哔哩哔哩三大移动短视频平台的 13 名用户进行半结构化的访谈收集一手资料。其次，广泛收集移动短视频平台相关的新闻报道、网站信息、研究文献等获取二手资料。最后，采用扎根理论对原始一、二手资料进行编码，通过归纳和提炼各初始范畴、副范畴和主范畴，构建移动短视频平台的用户使用行为理论模型。

3.1 研究设计

3.1.1 案例选择

本章旨在回答移动短视频平台的用户使用行为是如何形成的，属于特定情境下的研究问题，高度情境化的问题适合采用扎根理论方法开展研究（Glaser，2009）。具体分析步骤如下：第一，根据前文的理论回顾和文献综述，设计研究草案；第二，根据研究草案，选择资料收集的方法；第三，对收集到的资料展开分析，从大量文字资料中提炼出核心概念与框架联系，进而构建研究的理论模型。采用扎根理论方法在自然情境中调查某种现象，从多种渠道运用多种数据收集方法收集多类型数据，才能更全面地应用于所研究的问题。因此，本书选取了 3 个典型的移动短视频平台的用户作为访谈对象，以获取多样化访谈资料。通过对这些用户访谈的一手资料以及其他渠道收集到的二手资料进行编码分析，构建出理论模型。

本书选择抖音、快手和哔哩哔哩三大移动短视频平台作为研究案例，选择这三大平台的用户作为研究对象，研究移动短视频平台的用户使用行为。原因如下：第一，遵循研究对象选取的典型性原则，抖音、快手和哔哩哔哩是国内目前发展势头强、用户量大的三大移动短视频平台；第二，这三大平台都有忠实的用户群体，用户在使用过程中均实现了与平台不同程度的用户契合，与本书研究内容相符，非常适合用于研究主题；第三，出于资料获取的便捷性和丰富性，这三大平台除了有很大的用户群体基数，还有丰富的官网资料和媒体报道等二手资料，便于研究资料的收集和整理。

3.1.1.1 抖音

抖音是字节跳动公司旗下的一款音乐短视频社交平台，发布于2016年9月，服务对象面向全年龄段的用户。最初发布的视频作品有时间限制，用户可以拍摄15秒内的视频，再添加背景音乐形成自己的作品，上传到平台分享给其他用户。2017年6月，抖音邀请MCN机构入驻；9月上线电商功能；11月收购北美音乐短视频社交平台Musical.ly，与抖音合并，同年抖音海外版——"TikTok"在国外上线，标志着国际化战略的开始。2018年3月，上线购物车功能；4月正式上线防沉迷系统；5月开通商品橱窗；6月国资委新闻中心携中央企业媒体联盟与抖音签署战略合作，首批25家央企集体入驻抖音；7月推出官方推广任务接单平台——星图平台和认证MCN，逐步放开站内红人签约。2019年1月，抖音成为《2019年中央广播电视总台春节联欢晚会》的独家社交媒体传播平台；3月成立直播业务中心；5月再次升级"向日葵计划"，协助家长对未成年子女的抖音账号进行健康使用的管理；12月和腾讯音乐合作，入选2019中国品牌强国盛典榜样100品牌，获十大年度新锐品牌。2020年，抖音直播实现了爆发式增长，目前仍保持稳定增长态势，直播内容涵盖旅游、美妆、汽车、教育等各个领域，各大明星、网红纷纷开启直播带货，为平台带来了巨大的利润。2021 年 1 月，抖音第二次与"央视春晚"合作，成为"央视春晚"独家红包互动合作伙伴；6 月正式上线了内测网页版，新设直播、游戏、美食在内的 10 个标签分类；同年高校抖音开播场次 14463 场，公开课观看总时长 145 万小时，抖音让知识走出"象牙塔"，人人都能"旁听"名校。面向老年用户，抖音已上线长辈模式功能，可以随时对观看的页面进行字体缩放与调整，有效解决了老年人看不清字的困扰。2022 年 1 月，抖音与中国唱片集团有限公司达成音乐版权合作，Sensor Tower 公布了 2022 年 2 月全球移动收入（非游戏）排行榜，其中抖音及 TikTok 在全球 App Store 和 Google Play 收入超过 2.58 亿美元，约 16.31 亿元，排名第一，并且在 2022 年 3 月全球热门移动应用下载 Top 10 中，TikTok & 抖音也排名第一。在 2022 年北京冬奥会期间，抖音与冠军天团合作推出《濛主来了》等多档直播节目。

抖音积极践行社会责任。2018 年 9 月，上线"抖音寻人"功能，截至 2019 年 3 月 29 日，"抖音寻人"项目向用户弹窗 9648 则寻人信息，成功帮助 102 个家庭团圆；11 月抖音发起"山里 DOU 是好风光"项目，助力文旅扶贫。2020 年 11 月，字节跳动公益联合"抖音旅行奇遇计划"，发起"宝藏古村"项目，聚焦传统村落的宣传、保护与活化利用。

在平台安全方面，抖音重视平台治理和用户保护工作。在公布的 2022 年第一季度《抖音安全透明度报告》中，抖音严惩网暴，封禁或禁言账号 5988 个，处理违规评论 5.31 万条，下架违规视频 4.26 万个；治理不实信息，建立发现、识别、打击全流程工作机制，清理不实内容 17.98 万条；倡导分享积极健康、真实美好的生活内容和树立理性消费、科学文明的生活方式；不断升级风控策略模型，日均识别机器账号 11 万个，累计清理虚假粉丝 35 万个；通过技术防护和跨平台联动打击，为用户提供更安全的社区氛围，通过"直播 PK"的方式向用户普及防诈骗知识，提高用户反诈意识；创新休息提醒机制，发出上亿次适度使用提醒，引导用户合理作息享受生活；守护青少年健康成长，联合各机构打造更适合青少年观看的优质内容，包含热门动画、自然科普、人文历史等领域，帮助青少年"学知识观世界"。

3.1.1.2　快手

2011 年 3 月，GIF 快手成立，最开始定位于工具型产品，主要用途是制作、分享 GIF 动画图片，凭借其简单易上手获得了大量用户的关注。2012 年 4 月获得晨星资本投资的 30 万美元天使轮融资，企业开始由最初的工具型软件向短视频社交应用软件转型，加速实现了平台的流量变现。同时确立了普惠、公平的价值观和去中心化的流量分发机制，将其产品定位为普通人记录分享生活的短视频社区。2014 年，正式更名为快手，同年短视频行业迎来了爆发期，各大移动短视频平台纷纷发力，开始争夺用户。微视、美拍、秒拍等平台采取的方式是利用明星效应为产品带来用户流量，但快手却反其道而行之，未请任何明星代言，秉持以自然增长为主的发展战略。随着智能手机的快速普及，2015 年，快手将"记录世界记录你"作为公司新的经营宗旨，注重改善用户体验，吸引了大量新用户，开始迎来市场高速增长，实现了千万级 DAU。2016 年初，平台用户规模达到了 3 亿，仍然坚持探索以新的使用场景来满足用户不断升级的需求，为了提供个性化服务功能，平台推出了"短视频+直播"的双模式，在提升用户体验的同时加强了用户与平台的双边互动。2017 年，快手由原本仅有的一个主站 App 开始丰富产品矩阵，推出视频类、工具类、社交类、游戏类等产品，同年完成第一轮 3.5 亿美元的融资，以虚拟礼物打赏所得收入计，成为全球最大单一直播平台。2018 年，快手全资收购 AcFun，同年开始布局电商业务，该板块发展势头强劲。在电商业务的助力下，快手顺利成为 2019 年全球第二 GMV 的电商交易平台；同年 7 月在首届光合创作者大会上宣布"光合计划"，更加开放地与内容专业机构进行合作，百亿元流量扶持 10 万个优质生产者，重点扶持美食、体育、时尚、游戏、音乐等 20 个垂直领域。2020 年上半年，快手 App 及小程序的平均日活跃用户数突破 3 亿。2021 年 2 月 5 日，快手在港交所上市，成为国内移动短视频领域上市的第一股，其 DAU 和商品交易总额均为全球第二。2021 年，快手平均日活跃用户为 3.082 亿，平均月活跃用户为 5.442 亿，全年收入为 811 亿元，主要贡献来源为线上营销服务和直播收入。

2018 年 4 月，快手携手用户"猫控小明君"推出第一场电商直播，销量可观。正式开启了快手电商的 Version1.0 时代；6 月，"快手好货"家乡好货节活动正式上线，由此开启"直播电商+扶贫助农"之路。在此基础上，2019 年 5 月，"快手商品"正式发布，形成了快手电商交易闭环，通过低门槛开店、严格商家管理等方式提升消费体验，并不断增强自建、扩建能力，快手电商正式升级至 Version2.0；同年 6 月，上线了快手电商自建小店，用户可以直接在快手开店卖货；11 月 "116 老铁节" 2.0 上线。在新冠肺炎疫情防控期间，快手电商新增商家创历史新高，并带动 100 多万家商家实现复工复产。经过 2 年的迅猛发展后，快手电商在 2020 年迎来全面爆发与繁荣，升级至 Version3.0。

快手早期并未邀请太多明星入驻平台，而是鼓励大家记录和分享自己的真实生活，用户主要集中在三四线城市，在流量分发层面也未向网红和大V倾斜。而是通过大数据技术和后台用户画像对用户的兴趣爱好进行洞察，"去中心化"地进行内容推荐。快手凭借其丰富的内容、紧密联系且充满活力的社区，巩固了良性的商业循环和健康的生态系统，再加上超强的变现能力，推动全年收入持续增长。目前，快手旗下产品根据功能可划分为三类：工具类、视频类和游戏类，视频又包含短视频、长视频、小剧场、电影等类别。快手短视频的用户界面为"双列流"。快手打造的集强互动与高参与度为一体的"一站式"数字社区，使快手从其他移动短视频平台中脱颖而出。其"老铁文化"体现出极高的用户黏性，增加了用户的互动意愿及付费意愿。此外，快手还积极开拓海外市场、不断优化算法，加大对优质版权和内容创作者激励计划的投资，以期为用户提供一个优质、高效、便捷的服务与解决方案。

3.1.1.3 哔哩哔哩

哔哩哔哩，又称B站，创建于2009年6月，是年轻人高度聚集的综合性视频社区。哔哩哔哩早期是一个包含动漫、游戏、动画内容创作与分享的视频网站。2010年1月，MikuFans正式改名为哔哩哔哩后，将其定位为二次元垂直领域的社区；2月，哔哩哔哩组织了40位UP主制作了第一个春节拜年视频，吸引了众多网友前来观看，聚集了人气。2012年2月，哔哩哔哩正式上线移动端Android版本；9月上线移动端iOS版本，满足了用户不同系统手机对App版本的使用需求。2014年，开始逐渐进行商业化尝试扩展业务，与索尼全资子公司Aniplex在动画版权采购方面展开了多项合作。2015年4月，哔哩哔哩在成都等地开展第一届"Bilibili Micro Link"线下巡演演唱会；10月举办了第一届"萌节"以及首届动画角色人气大赏，在举办各式动漫活动的过程中逐渐增加了更多的用户与人气。2016 年，哔哩哔哩开始进军电竞、出品大电影、丰富音乐生活等 UGC 内容，将目标客户由二次元爱好者扩大为年轻群体，并宣布独家代理 Aniplex 旗下移动游戏《命运—冠位指定》；同年 12 月，在第四届"中国纪录片推动者大会上"荣获"中国十大纪录片推动者"称号，使用户在哔哩哔哩观看视频有了更多的选择，也吸引了纪录片爱好者的加入。2017 年 3 月，哔哩哔哩官博发表了《为了保护原创 UP 主的权益，我们启动了一项维权计划》来公开协助原创 UP 主维权，并在 12 月组建了属于自己的电竞俱乐部 BLG，为后来发展电竞直播转播奠定了基础。2018 年，哔哩哔哩在美国纳斯达克上市，发行价为 11.5 美元/股，共融资 4.83 亿美元，进一步扩张了商业版图；同年 2 月，"创作激励计划"正式上线，吸引了大批热爱创作视频的用户加入开启创作视频的新篇章；10 月与腾讯联合宣布达成战略级合作，合作内容包括动画、游戏等 ACG 生态链条的上下游。2020 年 4 月，哔哩哔哩获得索尼 4 亿美元战略投资。2021 年 3 月，在港交所二次上市；12 月宣布上线 8K 超高清视频画质为国内首家。

哔哩哔哩建立了稳定的用户群体，并不断探索年轻人的新玩法、新边界。相比于其他传统视频 App 的业务模式，哔哩哔哩有独特的年轻人用户，为其发展注入了新鲜"血液"，使其在短视频 App 中占据重要优势。B 站多个季度蝉联 QuestMobile "Z 世代偏爱 App" 和 "Z 世代偏爱泛娱乐 App" 两项榜单第一位，同时入选"BrandZ"报告 2019 最具价值中国品牌 100 强。

哔哩哔哩现已发展成为涵盖 7000 多个兴趣圈层的多元文化社区，涵盖多个标签：学习网站、直播平台、游戏平台、视频创作社区等。这样的标签让其不只将用户定位在二次元人群，而是广泛地定位使用互联网的年轻人群，同时发展建立稳定的社区文化，打造独特的年轻标签。哔哩哔哩的发展从社区建设开始，不同于其他平台的高速拓展，而是从最初的二次元社区开始，逐渐丰富社区扩大影响，并由线上扩展到线下。哔哩哔哩独特的弹幕文化使其从一个单向的视频播放平台转变为双向的情感连接平台，用户感知到的交互性更强。2020 年，哔哩哔哩推出 Story 模式，以短视频内容填补用户在碎片化时间的需求，且保留了弹幕、一键三连等功能。此外，哔哩哔哩还注重公益，平台累计帮助过的公益项目达 45 个，公益类型涵盖困境尖子生助学计划、乡村支教美丽中国等教育助学类，银天使计划、爱德助力疫情防控等济困救灾类，让雄鹰在蓝天翱翔、1 亿棵梭梭等人文自然类。

3.1.2　资料收集

为了更好地开展资料收集工作，首先组成了三人研究小组，小组成员在大量阅读移动短视频平台及用户使用行为、用户契合相关文献的基础上，根据研究问题，通过多次研讨反复讨论和修正，设计出半结构化访谈提纲（见附录 2）。然后分别采用一手资料和二手资料两种来源获取数据，以提高研究的信度和效度。详细的资料来源及获取方法如表 3-1 所示。

表 3-1　资料来源及获取方法

资料类型	资料来源	获取方法
一手资料	抖音、快手、哔哩哔哩用户的半结构化访谈资料	采取线上与线下相结合的访谈形式，选取抖音、快手、哔哩哔哩三大移动短视频平台的资深用户作为访谈对象，每位用户的访谈时间限定为 20~40 分钟，整理了近 4 万字的访谈资料

续表

资料类型	资料来源	获取方法
二手资料	新闻报道，企业官网公开资料，抖音、快手、哔哩哔哩的相关学术文献	百度搜索有关抖音、快手、哔哩哔哩公司的媒体报道；在抖音、快手、哔哩哔哩官方网站搜索企业公开资料；整理抖音、快手评论区内容、哔哩哔哩弹幕内容；在 CNKI 和万方数据库搜索 2016 年 10 月至 2022 年 3 月有关抖音、快手、哔哩哔哩的学术文献，整理形成近 15 万字的资料

　　一手资料主要通过对用户的半结构化访谈获取，选取移动短视频平台的资深用户作为访谈对象，采用一对一的形式。大部分用户为面对面访谈，少部分采用微信语音的形式，每位用户的访谈时间限定为 20~40 分钟。在访谈过程中，小组成员用录音笔、手机录音辅以笔记等形式记录访谈信息和内容，最终收集到的有效访谈样本为 13 份，整理了近 4 万字的访谈资料。

　　访谈过程分为确定访谈对象和正式访谈两部分。第一部分是根据研究选定使用抖音、快手、哔哩哔哩三大移动短视频平台的资深用户作为访谈对象，即使用年限在一年以上，每天使用且使用时长在两个小时以上。为了保证资料获取的完整性，按照不同学历层次、不同职业、不同地区原则对访谈对象进一步筛选。第二部分是依据访谈提纲实施访谈，包含线下和线上两种形式，访谈时间跨度从 2021 年 12 月到 2022 年 2 月。在正式访谈开始前，先将访谈提纲通过邮箱方式发给受访者，与受访人员预先沟通，在提前约定好访谈时间后，开始深度访谈。小组成员三人同时作为访谈者，每次被访者为一人，访谈组长负责对被访者进行提问，其他成员负责补充完善。访谈以移动短视频平台的用户使用行为为话题核心，引导受访者回忆自己下载使用移动短视频平台的原因、使用的一些具体行为等。访谈提纲只是一个大概框架，在访谈过程中，尽量让受访者充分发表自己的想法，不对受访者的阐述做出评论，鼓励受访者列举更多事实来详细阐述表达的观点。

附录 3 列举了访谈者与其中一位被访谈者的访谈详细记录资料。其余被访者的访谈问题与访谈过程与此大致相同。

二手资料来源于网页上的各类信息及相关文献资料，主要通过百度搜索相关企业的新闻报道，通过企业官方网站及上市公司公开的财报数据收集企业公开资料，同时在中国知网、万方数据库进行检索，收集了 2016 年 10 月至 2022 年 3 月有关抖音、快手、哔哩哔哩的相关文献，整理形成近 15 万字的资料。

3.2　资料编码

在扎根理论研究方法中，对原始资料内容的分析遵循"开放式编码—主轴式编码—选择式编码"的三级编码程序，再经过理论饱和度检验，确保没有新范畴出现。为了保证分析结果的准确性，本书采用质性分析软件 Nvivo12 来辅助完成访谈材料的整理与分析工作。

3.2.1　开放式编码

开放式编码是扎根理论过程的第一步，目的是从访谈资料中发现概念类属和范畴的操作化过程。重点是要把资料记录及抽象出来的概念"打破""揉碎"并重新综合。首先提取出访谈中的关键性语句，为每个语句赋予概念，然后对概念进行比较，把相近、相似的概念归为一类，形成更具概括性的范畴。在这个过程中，要尽量避免个人意见，严格遵循原始资料，不能擅自更改关键语句。本书从原始访谈资料中提取出 59 个初始概念（A1～A59），然后依据各概念间的内涵关系将其聚焦合并成 24 个范畴 (B1~B24), 开放式编码结果如表 3-2 所示。

表 3-2　开放式编码结果

编号	部分原始资料	概念化	范畴化
A1	抖音已经变成我了解一些新鲜资讯的一个平台, 因为有很多官方的账号都入驻抖音了, 所以了解一些时讯、新闻也可以通过抖音平台	了解新鲜资讯	B1 了解时讯新闻
A2	具体原因是我觉得它很新, 很能跟上时事, 最近有什么热点新闻啊它都能很快去更新	紧跟时事	
A3	比如说今天有什么"瓜"呀, 然后那个平台就会推很多这种类似的视频, 就是"吃瓜"前线嘛	吃瓜前线	
A4	相对于其他的视频来讲, 我想看的视频上面更多, 信息提供量最大, 内容更多方位一点, 多种类	信息丰富	
A5	其实我觉得它也会有一些, 比如说你想要学习的东西, 上面也会有一些学习博主, 他们会分享自己的学习经验啊, 有一些考研咨询和考公咨询, 他们会在上面总结一些有效的学习方法	学习、考研、考公	B2 学习自己感兴趣的内容
A6	看你感兴趣哪一方面, 比如说有些人他对美妆感兴趣, 上面也会有一些美妆博主, 可以从上面学习到化妆的技巧	学习化妆	
A7	比如说我想做一个收纳盒, 我会直接上去搜折纸这些教程	搜索教程	
A8	嗯, 我就是可能有时候会玩一些游戏嘛, 它有时候会推荐一些那种游戏方面的视频吧, 然后可能就是会比较被吸引	被游戏视频吸引	B3 推送感兴趣的视频
A9	看自己感兴趣的内容, 它了解了你之后也会推送, 你看着感兴趣也会跟着关注	关注推送	
A10	它的分类挺好用, 它推荐的也很精准	精准推荐	
A11	主要是它较有趣, 上面有很多搞笑的视频, 可以让人笑出来	有趣搞笑	B4 搞笑娱乐
A12	主要是快乐吧, 我一般是把它当作一个娱乐的工具来使用	娱乐的工具	
A13	休闲是有的, 比如说你写完一个作业, 然后在图书馆的时候你可以静音, 不打扰别人。你就是有点累了, 你可以刷个视频看个 5~6 分钟呀, 然后再开始学习。就放松一下就这样	休闲放松	B5 消遣放松
A14	嗯, 我也是差不多疫情那会儿开始用, 一开始是想用来打发时间	打发时间	
A15	主要还是作为平时无聊的时候消遣的一种方式	消遣方式	

编号	部分原始资料	概念化	范畴化
A16	当时也是看到好多人在上面发那种美食视频，然后我自己又对这个比较感兴趣，正好也是一直想做短视频方面的，然后正好那会儿疫情有时间，然后就说搞个账号，这样拍一拍发一发	自己做账号	B6 自己上传 分享视频
A17	你在分享生活的同时，是希望自己的生活被别人看到，或者说是你希望得到他们的回应	希望被人看到	B7 希望得到 关注认可
A18	坚持练习某一项技艺或者想要分享自己在学习某一项技能的过程中的点点滴滴，分享给他们，希望他们关注或认可自己	希望得到关注认可	
A19	如果有很多人点赞的话，可能就不会私密了	想要获得点赞	
A20	现在觉得确实可以认识一些人吧。但是，仅仅是限于网络的认识，也有认识一些感觉好像玩得还可以的那种朋友吧，然后从来没有见过面，然后我们会互相鼓励一下	认识朋友，互相鼓励	B8 结识新朋友
A21	互动的话有陌生人，大部分都是陌生人，然后才开始熟悉	与陌生人互动	
A22	还有它的那个粉丝社交吧，就是比如说大家都喜欢这个 UP 主。然后在下面评论的话，也是一个互相交流的过程，就是会一起聊这个 UP 主，甚至说可以延展到生活和学习中	粉丝社交	
A23	像我跟好朋友我们其实都会加抖音好友，然后看到一些就是有趣的视频或者什么，我们都会互相分享	与好朋友分享有趣视频	B9 与好友互动
A24	就是因为身边的人他们都在聊吧，我会觉得自己不知道这些可能会跟他们交流上出现一点点的障碍	与身边人顺畅交流	
A25	自由感有吧，反正我觉得都能分享自己的人生，我也没觉得有什么拘束的，喜欢就分享呗，等于是一种快乐吧	喜欢就分享	B10 自由自在
A26	这方面的话，我想应该是绝大多数人都会有的感觉，毕竟一旦沉迷进去，再一看时间，它就一个小时一个小时的过去了，在感官上会觉得过得非常快	时间过得很快	
A27	比如说就我喜欢的 NBA 来说。有一些网友在下面评论，比如说谁谁谁第一谁谁第二，但是自己喜欢的球星不在上面自己也会评论一下就是说谁谁谁第几第几的，但是我评论的也不多，因为也没啥用	自己可以评论	B11 自主选择
A28	这种怎么说呢？也有吧，就是你想刷哪个刷哪个嘛，这个不想看就把它划走	刷自己想看的	

续表

编号	部分原始资料	概念化	范畴化
A29	因为我自己就比较喜欢做这些，然后做出来，拍出来，大家看到，会喜欢，那我心情也就好了	被人喜欢 心情好	B12 被认可开心
A30	别人能看到我剪辑或者上传的还是感觉挺开心的	作品被看到会开心	
A31	评论过一次，比较疯狂的就是这次，很奇怪。很开心，然后我也回了几个评论	评论被赞开心	
A32	如果说在学习知识方面的话，它是有一种比较明显的积累的感觉，就是你很明显地觉得这个知识可以用得上，能够与生活接轨。这方面的感觉还是有成就的	运用所学知识	B13 成就感
A33	从上面学完东西，比如说打球，你新学了一招，你在球场上把别人给晃翻了，你就很有成就感	用学的技巧秀到别人	
A34	关心倒是有一些吧，上面也有一些抖音好友	好友关心	B14 获得他人关心与支持
A35	高考的时候刷到那种高考一起学习的视频，在上面评论了几句，他们就过来跟我聊，或者开导我怎么怎么样	疏导压力	
A36	获得一种心理上的认同感，因为有时候其他人的认同感也是可以帮助自己一直坚持下去的	心理认同	
A37	它的那个评论就是相比于其他平台的话，用户跟我交互的内容感觉更让我想留下来	用户交互	
A38	是有一点找到那种相似的人群吧	找到相似人群	B15 找到共同点
A39	感觉好像找到了共同话题	找到共同话题	
A40	我要不是因为忙的话，也会持续不断地去更新，还是很有热情的	充满热情	B16 归属享受
A41	这种氛围还是挺喜欢的	享受氛围	
A42	归属感的话也有，别人也跟我说就是让我看什么抖音啊或者皮皮虾之类的，但我还是感觉有一个快手就够了吧，然后就也没下	有归属感	
A43	我也觉得是有的，可能用得比较久了，它推荐的就是个性化推荐嘛，都是比较喜欢一点的	喜欢平台	
A44	有一些比较官方的那种视频号，会做一些比如说2021年上半年，中国人做的一些善事，整合成一个集合，其实看起来还是比较感动的。比如会宣传一些正能量	正能量感动	B17 心理满足
A45	主要是有满足感和自豪感	满足自豪	
A46	因为大部分视频内容看完都使人精神上比较满足	精神满足	

续表

编号	部分原始资料	概念化	范畴化
A47	有时候会在抖音上看一些电视剧，然后觉得很好看，你就会去电脑上搜，没有权限，在抖音上搜索观看，即使是预告片你都会把它看完	搜索观看	B18 观看视频
A48	就是它推荐什么我就刷什么，如果我对那个视频感兴趣的话，它下面会有一些标签，然后我就点进去看它相关的视频	标签追踪	
A49	评论的话我一般会观看一遍，如果说基本上符合价值观的话，我也会在旁边跟风	观看评论	B19 阅读评论
A50	我在猫咖逗猫，猫在玩的视频	逗猫	B20 分享日常
A51	自己拍过一段街道的视频，再放一段音乐，就发布了。也没有很多	街道	
A52	比如说前几天去了一个地方，就会拍跟朋友一起出去玩的那种视频	出去游玩	
A53	看到自己喜欢的电视剧或者说是某一部让我有触动的电影，就稍微剪辑一下发出去	剪辑电影	B21 剪辑应用
A54	就把几张图片剪一下，为了拼在一起，然后加个 BGM 就没了，它那有模板嘛。你填几张就好了	运用模版	
A55	也有分享过那种，就是模仿。它会有话题度很高的那种标签。然后我有时候会跟风去拍	模仿跟风	
A56	我一般都会点赞	点赞	B22 点赞视频
A57	我还转载一些别人的视频	转发	B23 分享视频
A58	我会在视频下面@我的朋友，然后跟他们一块儿看，就是一条视频可以@好多人的那种	评论区@好友	B24 发表评论
A59	但是如果说遇到那种比方说是一些负面的一些抨击，那种大的趋势的那种不合言论，我也会在下面跟风	发表自己的观点	

3.2.2　主轴式编码

扎根方法的第二步是主轴式编码，其目的是发现和建立概念类属和范畴之间的联系，即对资料进行重新整合，归纳出主范畴和副范畴，并充分挖掘范畴内涵的过程。本书通过对开放式编码阶段所获得的 24 个范畴之间在概念层次上的相互关系和逻辑次序上的探索分析，最终形成 10 个主范畴。主轴式编码过程如表 3-3 所示。

表 3-3　主轴式编码过程

主范畴	副范畴	范畴内涵
信息获取	B1 了解时讯新闻	用户通过短视频快速了解最新的时讯热点、新闻事件
	B2 学习感兴趣内容	用户通过在平台主动搜索或向一些视频博主学习，学到自己感兴趣的内容
	B3 推送感兴趣视频	平台根据大数据和用户画像对不同类型的用户进行有针对性的推荐
休闲娱乐	B4 搞笑娱乐	用户通过浏览搞笑视频起到娱乐效果
	B5 消遣放松	用户在有压力需要释放或者无聊的时候通过刷短视频来排解、放松
获得关注	B6 自己上传分享视频	用户对短视频创作感兴趣，想要自己做账号来分享生活
	B7 希望得到关注认可	用户通过发布视频希望获得别人的关注、认可和点赞
社会交往	B8 结识新朋友	用户通过评论与不认识的人互动，认识一些志同道合的新朋友
	B9 与好友互动	用户与身边人聊有关短视频话题，看到有趣的视频会分享给身边好友
自主需要	B10 自由自在	用户使用移动短视频平台有一种非常自在、不受拘束的感觉
	B11 自主选择	用户可以选择自己想看的视频内容，可以随意评论自己的观点
胜任需要	B12 被认可开心	创作者发布的作品被人看到、收到点赞、被人喜欢就会开心
	B13 成就感	用户在短视频上学到的知识技巧能运用在生活中，让别人崇拜
关系需要	B14 获得他人关心与支持	用户通过移动短视频平台得到好友及陌生人的关心与支持
	B15 找到共同点	用户通过移动短视频平台找到与自己相似的人群和共同话题
态度契合	B16 归属享受	用户喜欢并享受移动短视频平台的氛围，对平台有一种归属感，充满热情
	B17 心理满足	用户浏览短视频感到感动和精神满足
持续浏览	B18 观看视频	用户浏览观看感兴趣的视频或继续观看相似标签内容
	B19 阅读评论	用户阅读视频下方其他用户的评论

续表

主范畴	副范畴	范畴内涵
UGC （用户生成内容）	B20 分享日常	用户通过移动短视频平台发布分享一些自己的日常生活
	B21 剪辑应用	用户剪辑或运用现成模板制作视频内容并发布
	B22 点赞视频	用户点赞自己喜欢的视频
	B23 分享视频	用户转载别人的视频
	B24 发表评论	用户在视频评论区发表自己观点或者@好友来观看

3.2.3 选择式编码

在选择式编码阶段主要是形成范畴间的关系。从逻辑关系角度出发，找出包含范畴关系的主范畴间的逻辑关系。本书确定了"移动短视频平台的用户使用行为"这一核心范畴，围绕核心范畴，基于扎根理论探索了三种典型逻辑关系结构：第一，使用情境对用户基本心理需要的满足有直接作用关系；第二，基本心理需要的满足对用户态度契合有直接作用关系；第三，用户态度契合对行为契合有直接作用关系。具体典型关系结构如表3-4所示。

表3-4 层级范畴的典型关系结构

典型关系结构	关系结构的内涵
使用情境直接影响用户基本心理需要的满足	用户在使用移动短视频平台时，不同的使用情境分别满足用户不同的基本心理需要。具体而言，用户可以在移动短视频平台上自由自在地获取自己需要的信息，并且对主观上不想看到的内容可以选择划走或忽略，满足自主需要；用户将在短视频上学到的知识运用到现实中，满足胜任需要；用户通过使用移动短视频平台来放松自我，排解现实生活中积累的压力和负面情绪，宣泄内心的消极情绪，体验到自由自在不受束缚的感觉，满足自主需要；用户通过发布原创短视频获得他人的关注和点赞，内心受到极大鼓舞，体会到一种可以驾驭的感觉，满足胜任需要；用户通过移动短视频平台与好友互动，增进彼此情感联系，同时还可以认识新朋友，与他人建立新的联系，满足用户对于日常关系维持和建立的需要，即关系需要

续表

典型关系结构	关系结构的内涵
用户基本心理需要的满足直接影响态度契合	用户基本心理需要是其与平台态度契合的直接影响因素，即用户自主、胜任、关系需要的满足程度直接影响到对平台的喜欢程度、归属感和联系感等。如果用户在使用移动短视频平台的过程中很好地满足了其自主需要、胜任需要和关系需要，用户在平台上实现了预期目标，则会大大提升用户对平台的满意度。满意度提高以后，用户会有想持续使用平台的意愿，形成对平台的积极评价，拉近了平台与用户的关系，加强了两者之间的联系。在日益频繁的联系中，用户对平台的喜欢程度进一步加强，也会产生一种归属感，认为自己已经成为了该平台的一员，不会轻易转换到别的平台去，此时用户对平台形成了态度契合
态度契合直接影响行为契合	平台用户态度契合是其行为契合的直接影响因素，即用户对平台的喜欢、归属感等情感联系会决定其持续浏览和生成内容等一系列行为。态度契合是用户心理上的感受，当用户对平台喜欢程度越高，归属感越强，对平台的满意度超过了预期，即可认为用户与平台达成了一种态度契合，就产生了持续使用平台的意愿和动机，进而促进用户行为契合的产生，如持续浏览短视频及评论，点赞、转发、评论别人视频或自己创作视频供他人观看等。用户在产生这一系列行为的过程中又获得了快乐和满足，进而提升对平台的态度契合，又会逐渐形成循环往复的持续使用行为，这是一种良性循环

3.2.4　理论性饱和检验

扎根理论研究者普遍认为，一项扎根理论研究的抽样工作应进行到理论性饱和为止。理论性饱和就是指，研究的范畴已经发展得十分丰富，并且各范畴之间的关系也十分明晰，同时再也没有出现关于范畴的新资料。本书在进行第 13 次访谈后没有发展新的概念和范畴，而且关于移动短视频平台用户契合的范畴已经发展得较为丰富，各范畴之间的关系明确，初步认定为达到了理论性饱和。为了进一步检验移动短视频平台用户使用行为模型的饱和性，本书又选取了 5 名访谈对象进行访谈，对访谈资料进行编码和分析后，所得的概念和范畴与当前研究所形成的范畴相重叠，并没有新的发现。综上所述，本次研究的模型是饱和的。

3.3 用户使用行为模型构建

根据已有的访谈资料和三级编码所得出的概念和逻辑关系，本书对所有范畴进一步比较分析，将核心问题范畴化为"使用情境与基本心理需要"和"基本心理需要与用户契合"两个阶段。

3.3.1 使用情境与基本心理需要

3.3.1.1 信息获取→自主需要+胜任需要

信息获取是指用户通过使用移动短视频平台希望获取到自己需要的信息。随着移动互联网的快速发展，现代社会对信息知识的需求已经不满足于传统知识获取模式，人们越来越倾向于使用移动学习来快速有效地获取所需知识。用户在平台上可以实时获取新闻热点，快速了解掌握最新发生的事件（如A3：比如说今天有什么"瓜"呀，然后那个平台就会推很多这种类似的视频，就是"吃瓜"前线嘛），比传统媒体渠道更快速便捷，用户也可以在平台搜索并学习自己感兴趣的视频进行观看（如A7：比如说我想做一个收纳盒，我会直接上去搜折纸这些教程），同时，平台根据大数据分析结果针对不同用户推送不同类型的视频。用户在浏览或搜索视频时可以自由选择视频类型（如A28：这种怎么说呢？也有吧，就是你想刷哪个刷哪个嘛，这个不想看就把它划走），这一过程完全由用户自己决定，不受任何外部因素的干扰或限制，且用户很容易形成沉浸式浏览，产生自由自在不受拘束的感觉，满足了自主需要。用户通过移动短视频平台上的海量信息学到一些知识技巧，并运用到生活实际中，会产生一种强烈的成就感（如 A33：从上面学完东西，比如说打球，你新学了一招，你在球场上把别人给晃翻了，你就很有成就感），另外，用户通过平台可以了解到社会事件的进展过程，扩大了自己的知识储备，在与他人交流讨论的过程中，可以全部展示出来，满足了胜任需要。

3.3.1.2　休闲娱乐→自主需要+关系需要

休闲娱乐是指用户使用移动短视频平台来放松自己并起到娱乐的效果。平台有大量搞笑视频，在访谈中很多用户使用移动短视频平台都是因为视频的趣味性（如 A11：主要是它比较有趣，上面有很多搞笑的视频，可以让人笑出来），用户在获得乐趣的同时，可以释放压力，缓解负面情绪，很多在现实生活中无法说出口或找不到人诉说的话，可以在平台上发表自己的想法和表达自己的情绪，同时由于 App 载体的便捷性，用户在生活中感到无聊时可以随时拿起手机来浏览视频，打发无聊的时间，作为一种娱乐消遣方式，这些均使用户体验到了使用移动短视频平台的自由自在感。移动互联网的出现打破了时间和空间的限制，短视频作为一种信息传播媒介，可以把不同地域的人物和事件以更立体、更生动的方式直接展示在大众面前，使用户随时随地感受到世界各地的风土人情和风俗文化，满足自主需要。与此同时，用户也可以通过关注、浏览、点赞好友发布的短视频进行休闲放松，加强互动、增进友谊，满足关系需要。

3.3.1.3　获得关注→胜任需要+关系需要

获得关注是指有兴趣、有热情参与视频创作的用户将自己拍摄的视频上传分享到平台，期望获得他人的关注与支持，通过自我表达实现自我价值和满足成就感。用户将自己精心制作的视频分享到平台上，希望获得别人的关注（如 A18：坚持练习某一项技艺或者是想要分享自己在学习某一项技能的过程中的点点滴滴，分享给他们，希望他们关注或认可自己）。当得到别人的认可时，心理会产生一种满足感与成就感。通过短视频的形式将自身能力展现出来，进而实现自我价值，用户可以根据视频的点赞数和评论数来提升自己的影响力，满足胜任需要。用户发布视频，可以得到一些好友和陌生人的关注和点赞，在增进与好友联系的同时还可以收获一批粉丝。用户通过短视频与好友和粉丝进行互动，得到他人的关心与支持，满足关系需要。

3.3.1.4 社会交往→关系需要+胜任需要

社会交往是指用户通过浏览视频、分享视频、参与评论等来与他人进行互动，结识朋友，增进友谊的过程。近年来，移动短视频平台用户规模呈爆炸式增长，在人们的日常生活中已经成为了一种新的社交媒介。用户在社交过程中经常会谈论有关短视频内容的话题（如A24：就是因为身边的人他们都在聊吧，我会觉得自己不知道这些可能会跟他们交流上出现一点点的障碍），还会将自己认为有趣或感兴趣的视频转发给好友，以期产生共鸣。不仅如此，粉丝社交的逐渐流行，使用户可以在喜欢的博主或视频中，通过与其他人的互动找到志同道合的伙伴，认识有共同兴趣的新朋友，满足关系需要。此外，移动短视频平台所提供的社交功能使人们的信息交流变得更加容易，用户可以从其他用户那里获取到更多、更全面的信息和知识，帮助其提升成就感。基于这一因素，会激励用户不断学习新的知识和技能，努力提升自己以期未来能给他人提供帮助，在这一过程中实现了用户对胜任需要的满足。

综上所述，使用情境与基本心理需要的关系如图3-1所示。

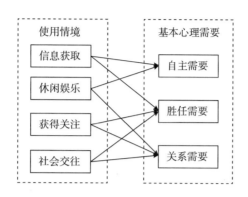

图 3-1　使用情境对基本心理需要的影响

3.3.2　基本心理需要与用户契合

3.3.2.1　基本心理需要→态度契合

平台短视频拍摄步骤简单且易操作，用户内容发布速度快、频率高，用户可以自主上传视频，同时可以自由自在地浏览自己感兴趣的视频，对不感兴趣的视频直接划走或点击"不感兴趣"以减少或避免日后平台对此类视频的推送频次。当用户体验到自主选择的自由感时，在心理上会产生对平台的认同感。沉浸体验是指人们在参与某项活动时获得了极其舒适的体验感，将全部注意力投入到其中而忘却了时间的流逝和周围环境变化的一种沉浸状态。在访谈中，大多数用户提到使用移动短视频平台的日均时长为 1~2 个小时，使用频段为一天中的碎片化时间和吃饭睡前的整块时间，且表示在使用移动短视频平台的时候经常会沉迷其中，忘记了时间（如 A26：这方面的话，我想应该是绝大多数人都会有的感觉，毕竟一旦沉迷进去，再一看时间，它就一个小时一个小时的过去了，在感官上会觉得过得非常快）。原创用户在创作短视频时也会很专注地花很长时间。由此可见，沉浸式的体验使用户产生一种自由使用的感觉，这种自主需要的满足会使用户沉浸并享受平台氛围，对其使用态度产生积极的影响。

对于 UGC 用户来说，其所创作的视频作品都是自己精心制作的，耗费了大量的时间和精力，在获得其他人的关注和认可后，用户会获得成就感，满足胜任需要，进一步提升平台的用户黏性。用户通过平台学习一定的知识技能或者受到视频内容的鼓舞和激励，从而获得一定的自我提升（如 A32：如果说在学习知识方面的话，它是有一种比较明显的积累的感觉，就是你很明显地觉得这个知识可以用得上，能够与生活接轨。这方面的感觉还是有成就感的），产生强烈的成就感。如果用户在视频中获取到的信息或习得的技能在日常生活中起到了一定的帮助作用和良好的效果，使用户体会到了掌控感和成就感，即满足了胜任需要，会激励用户对平台的态度契合。

根据马斯洛需求层次理论，在个体基本生理需要和安全需要得到满足后，便会渴望得到更高一层的社交需要，渴望获得友谊，得到社会与团体的认可，拥有良好的人际关系。当个体所处的群体都在使用移动短视频平台时，为了与团体中的其他人搭建共同的话题和兴趣，维持稳定和谐的关系，获得群体归属感，便也会选择使用移动短视频平台。在访谈中也有用户谈到，自己使用的原因是朋友和家人的推荐，并且身边很多朋友也都在使用。移动短视频平台的社交属性满足了人们日常交流沟通的需求，许多用户表示通过这种方式交流要比现实中交流更轻松愉悦，通过短视频的方式既可展示自我也可了解对方，收获其他有相同爱好的人的评论和点赞。当用户在平台上体验到了交流和沟通的乐趣时，这些关系需要的满足促进了用户对平台的态度契合。

3.3.2.2　态度契合→行为契合

用户的基本心理需要在使用移动短视频平台的过程中得到满足后，用户会对平台产生一定的情感依赖，逐渐喜欢平台，享受平台的氛围，对平台充满热情，进而形成对平台高度的归属感和联系感，不会轻易转换到别的平台，即可以认为用户与平台形成了态度契合。在此基础上，用户会产生一系列行为，可以概括为持续浏览和 UGC，即进一步形成了行为契合。

根据扎根理论的三级编码结果，用户行为契合表现在两个方面，一方面是浏览观看行为，用户根据自身的需求在移动短视频平台中关注不同类型的账号以及观看平台推荐多样化的内容，同时会浏览视频下方其他用户的评论；另一方面是内容生成行为，既包括制作发布视频作品，如分享自己的日常（A52：比如说前几天去了一个地方，就会拍跟朋友一起出去玩的那种视频）、将喜欢的电影片段剪辑发布，也包括点赞、评论、转发视频等行为。用户看到自己感兴趣的视频会点赞表示喜欢，同时也给视频生产者提供了支持和鼓励，还会通过发表评论的方式来对其他用户视频中提出的问题进行答疑解惑。另外，用户将自己喜欢的视频转发分享给好友观看，加强了与好友之间的互动，用户和平台之间的联系变得更加紧密，对平台有归属感，从而强化了用户持续浏览平台和生成内容的行为契合发生。

综上所述，基本心理需要与用户契合（包括态度契合和行为契合）之间的关系如图 3-2 所示。

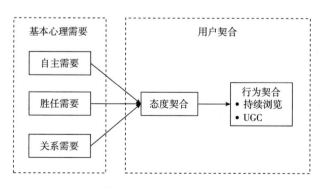

图 3-2　基本心理需要对用户契合的影响

3.3.3 理论模型的初步构建

本书以移动短视频平台的用户使用行为为研究主题，以抖音、快手和哔哩哔哩三大移动短视频平台的用户为研究对象，分析了基于契合理论视角的移动短视频平台用户使用行为是如何形成的，构建初步的理论模型，如图 3-3 所示。该模型反映了移动短视频平台用户使用行为形成的系统化过程，其实质是用户使用情境影响基本心理需要，基本心理需要形成用户契合。

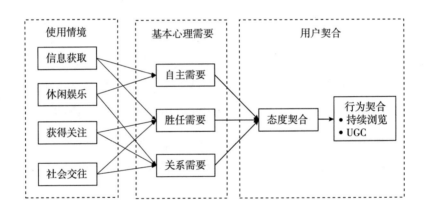

图 3-3　初步的理论模型

首先，使用情境既是用户行为产生的基础，也是用户使用行为的前因。从实践来看，用户使用移动短视频平台的原因有很多。本书采用扎根理论提取出信息获取、休闲娱乐、获得关注和社会交往四种常见的用户使用移动短视频平台的情境因素。

其次，用户契合是移动短视频平台期望的使用行为结果。用户契合可以分为两个阶段：态度契合和行为契合。用户只有对平台形成心理认同，即喜欢或依赖后，才能持续浏览观看或自己在平台上发布内容，形成行为契合。

最后，三种基本心理需要是使用情境达成用户契合的中介。用户通过四种情境因素使用移动短视频平台，无论是在平台上自主获取所需信息满足自主需要，或通过平台获取信息提高知识储备，以便在必要时进行输出满足胜任需要，还是用户通过平台实现现有关系的维护以及新关系的拓展，满足关系需要，最终能够促进用户与平台形成态度契合，进而产生持续浏览和 UGC 的两种契合行为。

第 4 章

研究假设

尽管第 3 章采用扎根理论研究得出了本书的理论模型，但由于该模型来源于案例实践，缺少对各变量间关系的理论支撑和定量描述。本章研究主要分为两部分：第一，将自我决定理论和动机发展自我系统模型作为理论基础，为第 3 章构建的理论模型变量之间的关系提供理论支撑；第二，提出研究假设，包括主效应和中介效应研究假设，为定量研究各变量的关系奠定基础。

4.1　模型提出

4.1.1　模型的理论基础

4.1.1.1　自我决定理论

　　自我决定理论研究个体行为的自我激励或自我决定的程度。自我决定理论表明，个体可以自主选择满足自身发展和个体需要的行为方向，会引导个体趋于利己需要进行相关活动，满足其基本需要，才能更好地维持机体运转水平。与基本需要未得到满足不同，如果人们的基本需要得到满足，他们就倾向于具有更高水平的绩效、健康和幸福感。基本需要是指人们所感受到的一种"缺失"或"差距"，当其得到满足时会带来幸福感，未得到满足则会引起异常（Deci 等，1999）。自我决定理论假设，人们必须持续满足三个基本的心理需要，即自主需要、胜任需要和关系需要，才能达到最佳机能水平。以上三种基本需要的满足，可以提升个体的意志力，强化个体对某项活动的正面认知，并激发其创造力，以达到更高水平的情感体验（Deci 等，1994）。

基本心理需要理论来源于自我决定理论，是自我决定理论的核心理论之一。基本心理需要理论认为，当外界环境或刺激对个体产生影响时，个体会产生三个基本心理需要，即自主需要、胜任需要和关系需要。Deci 和 Ryan（2000）认为，基本心理需要是个体形成动机的基本条件，个体的行为能够被基本心理需要在很大程度上激发或维持，被认为是实现个体价值的重要来源。自主需要是指人们相信他们可以自主选择自己行动的需要，并希望按照个体的意志决定自己的行为，例如发起、调节和维持自己的行为（Mageau 和 Vallerand，2003）。当这种需要得到满足时，人们会体验到个体的自由。胜任需要是指人们希望完成困难和具有挑战性的任务，体会到个体具备相关能力完成某项困难的活动的效能感知，并从该项活动中获得对能力感知的需要（Sheldon 和 Filak，2008）。当这种需要得到满足时，人们会体验到掌控感、成就感和控制感。关系需要是指个体渴望与外界建立联系，并在建立联系的过程中体验到被尊重、被理解与被支持的需要（Legault 等，2006）。当这种需要得到满足时，人们就会感知到来自他人的社会支持。基本心理需要普遍存在于个体之中，在理想情况下，个体在其一生中可以使三个需要同时得到最佳水平的满足（Deci 和 Ryan，2004）。

4.1.1.2　动机发展的自我系统模型

动机发展的自我系统模型（The Self-system Model of Motivational Development，SSMMD）来源于自我决定理论，解释了社会情境因素如何影响个人自我系统，从而促进或减弱他们最终的行为结果（Connell 和 Wellborn，1991；Skinner 等，2008）。SSMMD 模型包括了三种基本构型：环境背景、自我系统、行为结果。其中，环境背景是指个体所处的环境，被认为是促进或削弱行为结果的关键因素；自我系统包含了基本心理需要与情感认知。在 SSMMD 模型中，自我系统过程（Self

System Processes）被定义为个体在与社会环境的互动中，随着时间的推移而构建的相对持久的个人资源。自我系统过程是围绕着人们对自主、能力和关系的基本需要来组织的。在这个框架内，自我系统过程是行为结果的近端预测器。自我系统被认为是一个动态的心理过程，认为人们有三种基本的心理需要：自主需要、胜任需要和关系需要（Deci 等，1994）。这三种基本心理需要与自我决定理论的三种基本心理需要的定义是一致的。环境背景和自我系统对最终的行为结果具有累积效应。环境背景是行为结果的远端预测，环境背景通过自我系统间接地影响行为结果。行为结果是个体处于当下的环境背景，在自我系统的影响下，做出最终的行为选择。SSMMD 模型假设了特定的中介途径，在这个途径中，环境背景影响个体自我系统，反过来又预测他们在该环境中是否做出最终的行为决策。SSMMD 模型整合了环境背景和自我系统，并为最终的行为决策提供了一个框架。动机发展的自我系统模型示意图如图 4-1 所示。

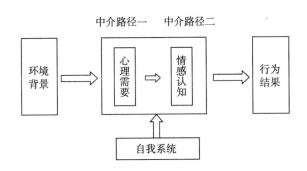

图 4-1 动机发展的自我系统模型示意图

4.1.2 研究模型的构建

根据第 3 章扎根理论的研究结果，本章构建移动短视频平台的用户使用行为模型。该模型基于动机发展的自我系统模型的"情境因素—自我系统—行为结果"的基本框架,提出"使用情境—基本心理需要—态度契合—行为契合"的研究框架,并融合了用户契合、自我决定等理论,为解释移动短视频平台的用户使用行为提供理论支持。

第一,根据扎根理论的研究结果,移动短视频平台的使用情境因素包括信息获取、休闲娱乐、获得关注和社会交往四个维度。第二,基于自我决定理论,引入三种基本心理需要,即自主需要、胜任需要以及关系需要。自我决定理论认为,当情境因素满足个体的基本心理需要,个体则倾向于具备更高的绩效水平以及心理感受。因此,本书将用户契合概念引入该研究框架。用户契合划分为态度契合和行为契合。其中,行为契合包括持续浏览和UGC。第三,根据动机发展的自我系统模型,本书提出了两条中介路径,中介路径一为基本心理需要在使用情境与态度契合的中介作用,中介路径二为态度契合在基本心理需要与行为契合之间的中介作用。此外,模型还包括五个控制变量,分别为性别、年龄、学历、每天使用频率和使用年限。具体的理论研究模型如图4-2所示。

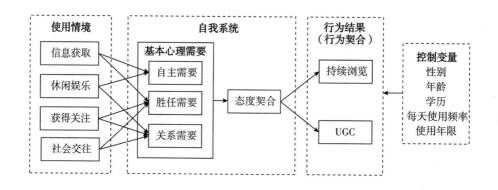

图4-2 理论研究模型

4.1.3 变量的界定

4.1.3.1 信息获取

信息获取被定义为个体利用一定的平台和技术及时获取相关信息的行为（Luo，2010），体现为个体对信息的需要驱动的过程，以帮助个体与环境互动。Chun 和 Marton（2003）确定了四种网络信息获取模式：非定向观看，即个体在没有特定信息需要的情况下接触信息；条件观看，即个人直接观看有关选定主题或特定类型的信息；非正式搜索，指个人通过相对有限和非结构化的努力积极地寻找信息，以深化对特定问题的知识和理解；正式搜索，指个人为获取特定问题的特定信息或类型的信息而进行蓄意或有计划的努力。随着互联网的成熟，用户信息获取的方式得到极大的简化。短视频能够为用户提供更多维的信息，不再局限于文字、图片或声音，用户通过使用移动短视频平台能获取更多的信息内容。本书将信息获取定义为用户利用移动短视频平台获取相关消息满足信息需要的过程。

4.1.3.2 休闲娱乐

休闲娱乐表明个体具有自主选择的权力去选择产生愉悦、满足的情绪活动。在线上环境中，休闲娱乐是指个体在具体的信息服务中产生放松、舒适的情绪，并能从该信息服务中感知到的愉悦程度（Leng 等，2011）。使用与满足理论表明，休闲娱乐能够在社交媒体中满足逃避现实、享受情感释放和焦虑缓解等方面的个人需要（McQuail，2005）。在短视频海量信息的持续刺激之下，用户能迅速获得愉悦感，算法推荐将"娱乐化信息"置顶，极大地满足了用户休闲娱乐的即时需要。短视频中的消遣内容可以缓解用户的工作生活压力，满足用户的休闲需要。短视频以简短的视频承载着丰富的内容，深入到用户的日常生活，将娱乐属性进一步扩大。另外，短视频能够为用户提供更多的在场感，从而深化用户的沉浸体验。休闲娱乐为用户缓解了社会身份和自我认知带来的焦虑，从更深层次的意义来看，短视频帮助用户摆脱了自我限制的束缚感。本书将休闲娱乐定义为用户在使用移动短视频平台时从中获得的沉浸、愉悦以及满足感。

4.1.3.3 获得关注

获得关注是指用户基于经济或其他利益，通过在短视频中塑造积极正面的形象，以吸引更多的关注，提升影响力和知名度（Gan 和 Li，2018）。在短视频中，每一个用户都可以作为自媒体而存在，并且希望自身在某个群体内成为意见领袖，对用户在进行行为决策时产生一定的影响。获得关注的心理动机源自于地位寻求行为，通过地位寻求行为获得群体认同。获得高度关注的用户通过构建一对多的社会网络，使其内容得到广泛传播。具有高度关注的用户在其社会网络中积极传播相关内容，凭借内容优势或情感共鸣吸引更多的用户，扩大了社会网络，并累积了社会资本。在该社会网络内，由于聚集了大量粉丝，被关注用户具有一定的话语权和舆论引导的能力，能在其他用户发表意见和做决策时施加主观影响。本书将获得关注定义为用户被要求展示有辨识度的虚拟形象来影响其他用户的态度，使个体本身获得更多认可和被需要的过程，并以此寻求更大的利益。

4.1.3.4 社会交往

社会交往是指个人通过使用媒体实现人际交往、社会联系的形成和对社区的归属感。社会交往衡量的是社交媒体在多大程度上帮助维持与朋友的关系（Apaolaza 等，2014）。在移动短视频平台情境下的社会交往不再局限于面对面的形式，一条短视频、一条评论甚至一个点赞都是社会交往的范畴。新的社会交往方式扩展了个体向外联结的边界。短视频平台为用户提供可视化的内容，生动的视频呈现能更加吸引用户的互动参与。在移动短视频平台中，用户不再满足于对视频的简单浏览，而更在乎的是与发布视频的用户进行交流互动。移动短视频平台用户在数字洪流中通过建立社会关系，累积网络社会资本，从而在移动短视频平台情境中获得社会认同和情感支持。本书将社会交往定义为用户在观看短视频时，用户与呈现短视频的用户产生的一种特殊的人际关系。

4.1.3.5 自主需要

自主需要是指个体在从事某项活动中从中感受到心理上的自控感和选择的自由程度（Deci 和 Ryan，2004）。在移动短视频平台情境中，用户都存在一定的浏览和使用偏好，例如可以在移动短视频平台自由地获取信息、发布短视频、评论或点赞等行为。自主需要则主要来源于用户对短视频活动的任意观看和安排。本书将自主需要定义为用户在移动短视频平台可以任意选择和安排自身的活动，从而产生选择感、自由感。

4.1.3.6 胜任需要

胜任需要被定义为个体在面对有挑战性的活动或人物中所产生的心理的成就感与满足感，以及他人对自身能力的认可（Deci 和 Ryan，2004）。在移动短视频平台环境中，胜任需要的满足能促使用户适应移动短视频平台环境。移动短视频平台是一个鼓励用户积极自我呈现的平台，点赞、评论等是用户能力的具体体现。本书将胜任需要定义为在移动短视频平台中用户相信自身有能力去参与移动短视频平台的活动，并通过这些活动获得满足感以及成就感。

4.1.3.7 关系需要

关系需要则表示为个体希望在环境中与他人建立联系的渴望，从而感受到被需要感和归属感（Deci 和 Ryan，2004）。移动短视频平台的本质上是构建一个社会网络，并基于这个社会网络拉近了用户的心理距离与社会距离，便于开展一系列活动。本书将关系需要定义为用户在移动短视频平台希望与其他用户产生联系与互动的需要，并产生对在线关系的渴求。

4.1.3.8 用户契合

基于本书的研究情境以及前人研究基础，契合行为的主体是移动短视频平台的用户，而契合的对象则是移动短视频平台。因此，参考营销学领域关于顾客契合的定义和维度划分，本书认同用户契合是一个多维度的概念，它反映了用户在与平台进行互动并共创体验时的一种心理状态，并由此产生的非交易行为，并将移动短视频平台的用户契合界定为用户与平台建立的积极契合关系，体现为态度契合和行为契合两个维度。态度契合包括认知和情感两个方面，传达了用户对移动短视频平台的一种契合心理状态，即用户对移动短视频平台的高度的归属感和强烈的联系感；行为契合反映了用户超越利益以外的行为表现，是他们与移动短视频平台互动后的行为体现。因此，行为契合与先前学者关于社交媒体行为契合的研究基本一致，主要体现为六种类型的行为契合：观看视频、阅读评论、上传视频、分享视频、发表评论和点赞（Dolan 等，2019）。本书把六种契合行为归为两大类：持续浏览和 UGC，即被动行为和主动行为。持续浏览是指用户多次浏览和观看平台的视频和评论，并获取最大可能的收益，属于被动行为。相反，UGC 是指用户积极主动参与移动短视频平台的活动并生成内容，比如创建短视频上传发布、分享短视频给他人或对喜爱的短视频点赞等，属于主动行为。变量的定义如表 4-1 所示。

表 4-1 变量的定义

变量		定义
使用情境	信息获取	用户利用移动短视频平台获取相关消息满足信息需要
	休闲娱乐	用户在使用移动短视频平台时产生的放松、舒适情绪
	获得关注	用户被要求展示有辨识度的虚拟形象来影响其他用户，使个体本身获得更多认可和被需要的过程
	社会交往	用户在使用移动短视频平台时，用户与其他移动短视频平台的用户产生的人际关系
基本心理需要	自主需要	用户在移动短视频平台可以任意选择和安排自身的活动，从而产生选择感、自由感
	胜任需要	用户相信自身有能力去参与移动短视频平台的活动，并通过这些活动获得满足感以及成就感
	关系需要	用户在移动短视频平台中希望与其他用户产生联系与互动的需要，并产生了对在线关系的渴求
用户契合	态度契合	用户对平台的一种契合心理状态，即对平台高度的归属感和强烈的联系感
	持续浏览	用户多次浏览和观看平台的视频和评论，并获取最大可能的收益
	UGC	用户积极主动参与移动短视频平台的活动并生成内容，比如创建短视频上传发布、分享短视频给他人或对喜爱的短视频点赞等

4.2 主效应假设推导

4.2.1 使用情境与基本心理需要

4.2.1.1 信息获取与基本心理需要

自主需要主要源自对短视频的自主选择程度和内在价值的认同。当个体从短视频获得准确的信息或意见时，可以通过实质性的信息获取行为去满足自我意愿（秦敏和李若男，2020），进而满足个体的自主需要。对于移动短视频平台而言，信息鸿沟差距正在缩小，不同的信息平台的同质性内容严重，用户对移动短视频平台的选择出于个体意愿和价值选择（关磊，2021）。信息获取能够累积用户对该移动短视频平台的信任，并建立起对该移动短视频平台的理解（Richards 等，1998）。移动短视频平台用户对平台的了解程度越高，对短视频的自主性感知就越高（李晓明和张辉，2017）。因此，移动短视频平台用户无论是出于非定向观看还是条件观看的信息获取行为，都会对移动短视频平台产生积极的情感，强化其自主需要。

胜任需要被描述为相信用户自身有能力在移动短视频平台组织和执行一系列的行动以取得一定的成就。满足胜任需要的途径主要包括掌握经验、替代经验和社会信念。其中，掌握经验被认为是胜任需要最有影响力的来源（Bandura，2012）。掌握经验体现的是个体所掌握的成功经验。有研究表示，网络信息获取行为会提升自我效能感（Shen，2018），胜任感与自我效能具有相近的概念（秦敏和李若男，2020），即通过在网络上成功地获取个体所需的信息，个体就能感知到胜任需要得到满足。当个体进行信息搜寻行为时，意味着个体迫切地希望获取相关信息（Ma 等，2021），相应的胜任需要也随之产生。在移动短视频平台情境中，用户只有多次在特定的移动短视频平台上获取信息，才能具备掌握成功经验的可能性。当用户具备成功经验时，能加强对移动短视频平台的认识程度，提升自身，从而增强对未来预期的信心。

综上所述，本书提出如下假设：

H1a：信息获取对自主需要有显著的正向影响。

H1b：信息获取对胜任需要有显著的正向影响。

4.2.1.2 休闲娱乐与基本心理需要

作为一种低门槛、高自由的内容平台，短视频激发了用户在移动短视频平台的自由呈现，塑造自我形象的意图，用户话语权的回归促进了内容生成和传播，进一步促进用户的自我掌控感。从移动短视频平台上寻求休闲娱乐，从另一个角度来看，扩大了用户的生活场景，从而摆脱了自我限制感。在移动短视频平台情境中，自主需要则表示享受使用短视频本身，满足对在移动短视频平台中进行的活动能自主选择的需要。熊开容等（2021）认为短视频 App 以娱乐内容为主的粗放发展时期，用户使用移动短视频平台的主要目的是娱乐需要，移动短视频平台用户会沉浸在短视频营造的氛围中，从通过短视频获得短暂的自控感。

关系需要是用户希望与其他用户产生联系并希望被接受的需要。通过技术手段营造在线支持的娱乐环境，可能会激发用户在在线环境的关系渴求。Jenkins 等（2015）认为，娱乐表达行为（如在线制作音乐、漫画和视频）是关系参与的基石。例如移动短视频平台的滤镜、音乐，会诱导用户使用这些功能，进而促进移动短视频平台用户之间的互动行为。Rebecca 和 Yu（2018）认为在 Facebook 的情境中，感知娱乐会促进线上政治参与表达。另外，在社交网络上，分享自己的生活细节是娱乐消遣的方式之一，其他用户可以采用点赞或评论的方式进行互动，通过互动的方式获取在社交平台的趣味性。Wang（2017）认为具备很高消遣娱乐欲望的个体可能会寻求与他人交流来缓解自身的无聊情绪，进而满足用户的关系需要。

综上所述，本书提出如下假设：

H2a：休闲娱乐对自主需要有显著的正向影响。

H2b：休闲娱乐对关系需要有显著的正向影响。

4.2.1.3 获得关注与基本心理需要

在移动短视频平台情境中，获得关注的重要前提是在移动短视频平台进行自我呈现，胜任需要被表示为通过获得关注所感知到的成就感，体现的是他人对自身能力和魅力的肯定。当用户通过短视频自我呈现时，短视频的点赞、评论和粉丝数的增长，让短视频发布者感知自我价值的实现，并获得满足感，移动短视频平台用户的身份转变为被关注者。粉丝受众的关注强度越强，在短视频发布的内容越容易获得他人的虚拟认可，被关注者会感知到自身被信任和认可的程度越深。胡仙等（2020）认为点赞和评论的获得关注行为能显著提升自我效能感。有研究表明，在直播情境中，粉丝受众人数越多，主播或博主越容易产生面子获得感知（孟陆等，2021）。被关注者基于粉丝受众的数量能够对自身的影响力和知名度具有一定的认知，通过自身影响力和知名度的扩大，被关注者的胜任感能够得到提升。

用户通过移动短视频平台能够获得关注是建立在频繁互动和优质内容的基础上。获得关注本质上是个体对虚拟亲密关系的渴求，关注者与被关注者将情感寄托在对方身上，并从中获得认同感与归属感，无论对于关注者与被关注者，都能满足其关系需要。被关注者基于内容或自身魅力联结陌生用户，通过媒介平台增加陌生用户之间的接触，共同关注者构建社会身份认知，并借此表达同为关注者之间的共识，被关注者从而获得社会资本。对于关注者来说，与被关注者构建单方面社会交往关系，可以将在社会场域的感情投射到移动短视频平台，能够产生新鲜和愉悦的体验感知，与被关注者主动建立沟通的过程，足以满足关注者的关系需要。

综上所述，本书提出如下假设：

H3a：获得关注对胜任需要有显著的正向影响。

H3b：获得关注对关系需要有显著的正向影响。

4.2.1.4 社会交往与基本心理需要

短视频具备"广场"性质，即用户发布的内容、评论与点赞都是公开的，能被他人注意和观察到。然而，移动短视频平台用户之间关系呈现"弱关系"的特点，仅基于使用短视频的动作而产生的联结感，使用户觉得来自他人的赞同和认可是基于自身的优秀表现而不是其他原因，从而在移动短视频平台情境中的社会交往促进了用户个体的胜任需要。另外，基于移动短视频平台的社会交往形式，让个体具备更多的话语权和表达空间，不仅会获得来自陌生人的注意，还可以通过移动短视频平台积累网络社会资本。对于"点赞""评论""关注"等方式累积的社会资本，个体会认为是来自他人对自身在移动短视频平台的表现的积极肯定和认同，从而满足自身的胜任需要。

关系需要表现为用户与用户之间、用户与社区之间的内在联系，表现为积极与其他用户互动，维持联系，并从中保持情感联系。在移动短视频平台情境中，用户围绕某一主题短视频进行互动，增强了用户在短视频社区的交流程度，进而获得互动感，维系了个体与社区之间的联系。当用户发布短视频或评论时，在与其他用户互动的同时获得支持感和信任感，并提升了个体被接受程度。因此，社会交往增强了用户的关系需要。另外，短视频不同于"朋友圈"的互动仪式链，短视频为用户营造了舒适的社交环境，个体从而摆脱了来自"朋友圈"之中的"强关系"的束缚感，对"弱关系"的关注度有所提升，满足了个体与陌生人建立联系的需要，因此，在移动短视频平台情境中社会交往促进了用户的关系需要。

综上所述，本书提出如下假设：

H4a：社会交往对胜任需要有显著的正向影响。

H4b：社会交往对关系需要有显著的正向影响。

4.2.2 基本心理需要与态度契合

自我决定理论认为人的基本心理需要包括自主需要、胜任需要和关系需要，并认为个体的基本心理需要得到满足之后，会形成积极的心理状态甚至迫切地寻求更好的表现。当用户的基本心理需要达到饱和状态之后，用户对短视频的态度便会转变为积极印证自我价值，驱动自我完善的状态，即形成态度契合。态度契合包括认知和情感两个方面，传达了顾客对社区的一种契合心理状态，即对社区高度的归属感和强烈的联系感。

用户所具备的能力和资源是用户形成契合心理的前提条件（Holle-beek 等，2016）。Lin 等（2009）认为社区成员对自身在社区的表现和具备的能力感到自信会激发成员对这个社区的积极态度。杨晶和袁曦（2022）认为，信息系统通过多种方式能帮助用户建立信心，提升用户对信息系统的正向态度。用户在与移动短视频平台进行互动时带来更高的能力感，用户会因此对社区表现出更积极的态度，与社区形成密切的心理联系。Wirtz 等（2013）认为，具备高胜任需要的个体，能给予社区强烈的情感承诺，对移动短视频平台给予更多的优先权，因此促进情感上的进一步契合。当用户具备一定的知识和能力，并对自身能力持积极肯定态度时，就可以提升用户对移动短视频平台的态度契合。

在移动短视频平台情境中，自主需要是用户在移动短视频平台对自己行为的决定程度。用户契合是角色外心理体验，自主需要不仅能满足用户角色行为感知，还能促进角色外心理体验。用户感知到的自由感能够正向激发用户对社交平台的探索和开发（Hong 等，2014）。同时，社交媒体依赖用户的积极互动，并鼓励用户的角色外行为。用户被鼓励角色外的行为能进一步感知到自由。因此，当用户能在社交媒体具有高度自由时，能够对社交媒体累积积极的情感。研究表明，当用户自主感得到满足时，会提升用户价值共创的概率（王松等，

2019）。个体拥有高自主感，将自由决定其在移动短视频平台的行为，从而满足用户的契合心理。

关系需要是用户通过短视频与他人建立联系和获得认同的愿望。移动短视频平台可以通过与用户持续互动，深入交流满足用户的关系需要。关系需要激发用户对移动短视频平台的积极心理联系，不仅保证了用户的活跃性，还增强了群体的凝聚力，同时与这个社区的其他成员紧密相连（Prentice 等，2019b）。关系需要为用户提供了积极参与社区的可能性，邵景波等（2017）认为积极参与社区等行为能为其他用户提供帮助，在此过程中收获来自他人的认同和肯定。黄敏学等（2015）认为虚拟社区的用户关系维持可以提升社区认同，形成正面的情感。用户彼此能维持长久的联系是基于共同的兴趣偏好，频繁互动能加深共同的身份认知。这一认知会强化用户之间、用户与社区之间的情感认同，从而促进态度契合。

综上所述，本书提出如下假设：

H5a：自主需要对态度契合有显著的正向影响。

H5b：胜任需要对态度契合有显著的正向影响。

H5c：关系需要对态度契合有显著的正向影响。

4.2.3　态度契合与行为契合

态度契合是用户对移动短视频平台产生的积极情感体验，当用户处于对移动短视频平台的积极情绪中时，用户会主动过滤对短视频的负面评价。根据情感依恋理论，当用户和平台之间具有积极情感体验时，用户会更愿意花费额外的成本去维护和平台之间的积极关系，例如持续使用和浏览等行为（张敏等，2021）。有研究表明，用户对社区产生的积极情感会提升用户的持续使用行为（闫幸和吴锦峰，

2021）。使用移动短视频平台所带来的积极情感会提升用户的信任程度，因此会更频繁地使用移动短视频平台（王大海等，2018）。

态度契合是行为契合的基础。移动短视频平台通过用户贡献内容的方式成长起来。社交媒体认为用户并非是"孤岛"，而是通过"人""内容"有机联合起来，并在提升用户互动的同时带来丰富的内容生成。赵宇翔和朱庆华（2009）认为 UGC 的社会影响因素主要有信任、认同等情感，来自同一个社区的共同语言和共同愿景也会促使用户提升 UGC 行为。另外，契合行为被定义为非交易行为（Doorn 等，2010），即用户为了短视频获得利好发展而采取主动贡献行为，例如口碑传播、写评论、帮助其他顾客。具有高态度契合的用户对移动短视频平台具有高度的归属感和认同感，在一定程度上正向作用于 UGC 行为。为了移动短视频平台的使用价值和吸引力都得到提升，契合用户能够主动为短视频进行内容贡献等行为。

综上所述，本书提出如下假设：

H6a：态度契合对持续浏览有显著的正向影响。

H6b：态度契合对 UGC 有显著的正向影响。

4.3　中介效应假设推导

4.3.1　基本心理需要的中介效应

根据自我决定理论，人们对某些生活目标的追求，可以带来对自主需要、胜任需要和关系需要更为直接的满足，从而增强积极的情感体验和心理感受（Guardia 等，2000）。动机发展的自我系统模型假定了一个中介路径模型，在这个路径中，情境因素影响用户对短视频的感觉，这反过来又预测他们在移动短视频平台中是否做出最终的行为决策。用户在使用移动短视频平台的过程中，情境因素会影响他们投入的成本，促进用户对移动短视频平台产生基本的心理需要。一方面，移动短视频平台具有搜寻信息、娱乐消遣、社会交往和寻求关注等行为的用户，能够在移动短视频平台获取更多的资源和信息，同时具备了对移动短视频平台深层次的了解。此外，频繁使用移动短视频平台的用户深度嵌入到线上关系网络，以期从中获得支持感和认同感。另一方面，自主需要、胜任需要和关系需要的满足使用户从被动动机向自主动机转变，从而具备更高水平的情感体验（Bergkvist 和 Bech-Larsen，2010）。有研究表明，情境因素通过自我决定需要满足更高水平的幸福感和态度感受。Ana 等（2017）测试了在特定的学术领域中，学生的基本心理需要在教学情境因素（包括课堂环境、教师支持）和学生课堂专注度之间起到重要的中介作用。王松等（2019）发现，在品牌社区中，自我决定感在网络嵌入程度和价值共创程度之间发挥中介作用。Paula 等（2021）认为，在游戏应用程序中多种游戏化元素通过满足基本心理需要去促进用户对该游戏程序的契合度。另外，夏洪胜和肖淑兰（2017）考察了自我决定感在顾客契合行为和顾客承诺之间的中介作用。本书基于扎根理论研究以及前人研究结论，认为基本心理需要在使用情境和态度契合之间存在中介作用。

综上所述，本书提出如下假设：

H7a：自主需要在信息获取和态度契合之间具有中介效应。

H7b：自主需要在休闲娱乐和态度契合之间具有中介效应。

H7c：胜任需要在信息获取和态度契合之间具有中介效应。

H7d：胜任需要在获得关注和态度契合之间具有中介效应。

H7e：胜任需要在社会交往和态度契合之间具有中介效应。

H7f：关系需要在休闲娱乐和态度契合之间具有中介效应。

H7g：关系需要在获得关注和态度契合之间具有中介效应。

H7h：关系需要在社会交往和态度契合之间具有中介效应。

4.3.2　态度契合的中介效应

态度契合是用户在满足基本心理需要之后达到的一个缓冲心理状态，该心理状态能促进契合行为的形成。当用户在使用移动短视频平台时，在基本需要得到满足的同时，并不会长期停留在态度契合的状态内，而会自发地达成契合行为。第一，当用户通过信息获取、休闲娱乐、获得关注和社会交往的使用场景来使用移动短视频平台时，自主需要、胜任需要和关系需要会得到不同程度满足，用户内心的情感体验得到进一步升华，形成高态度契合水平，即用户已经做好了触发契合行为的心理准备。第二，借助基本心理需要所获得的社会价值与关系价值，用户能够提升对移动短视频平台的态度契合，进而通过态度契合对行为契合产生影响。一方面，态度契合表现为对移动短视频平台的喜爱程度，能够提升用户在使用移动短视频平台的沉浸感，进而提升用户的持续使用行为。另一方面，态度契合意味着用户对移动短视频平台具有高度的认可度，用户会更愿意去做出利他行为，表现为用户主动生成、贡献内容等行为，以此活跃移动短视频平台的气氛。

综上所述，本书提出如下假设：

H8a：态度契合在自主需要和持续浏览之间具有中介效应。

H8b：态度契合在胜任需要和持续浏览之间具有中介效应。

H8c：态度契合在关系需要和持续浏览之间具有中介效应。

H8d：态度契合在自主需要和 UGC 之间具有中介效应。

H8e：态度契合在胜任需要和 UGC 之间具有中介效应。

H8f：态度契合在关系需要和 UGC 之间具有中介效应。

第 5 章

实证研究设计

本章结合前文构建的理论研究模型，运用实证分析方法进行研究设计。主要包括各变量测量题项的设计、正式问卷形成与数据收集、样本的描述性统计分析等内容。

5.1　变量测量

5.1.1　使用情境的测量

信息获取的测量量表参考了 Rebecca 等（2016）的研究，共计 4 个测量题项。休闲娱乐的测量量表参考了 Park 等（2009）的研究，共计 3 个测量题项。获得关注的测量量表参考了 Muhammad 等（2021）的研究，共计 4 个测量题项。社会交往的测量量表参考了 Raacke 和 Bonds-Raacke（2008）的研究，共计 4 个测量题项。使用情境的测量题项如表 5-1 所示。

表 5-1　使用情境的测量题项

变量名	测量题项
信息获取	短视频让我了解最新的时事消息
	短视频为我提供了我感兴趣的信息和知识
	短视频激励我探索新的信息和知识
	在短视频上看到别人的内容给了我灵感
休闲娱乐	使用移动短视频平台很有趣
	使用移动短视频平台让人放松
	使用移动短视频平台让我感到快乐

变量名	测量题项
获得关注	我觉得通过短视频与他人分享我的兴趣爱好和经历等内容，可以提高我的形象
	我觉得我可以在移动短视频平台上通过分享我的兴趣爱好和经历等内容来影响别人
	我觉得我可以在移动短视频平台上通过自己的兴趣爱好和经历等内容给别人留下好印象
	通过短视频分享我的兴趣爱好和经历等内容，帮助我向别人展示我最好的一面
社会交往	移动短视频平台让我与其他移动短视频平台用户保持联系
	移动短视频平台帮助我认识更多有相同兴趣的人
	移动短视频平台帮助我有效地与其他移动短视频平台用户交流想法
	其他移动短视频平台用户希望我在移动短视频平台上保持活跃

5.1.2　基本心理需要的测量

胜任需要参考了 Johnston 和 Finney（2010）的研究，共计 3 个测量题项。自主需要与关系需要参考了 Xi 和 Hamari（2019）的研究，自主需要和关系需要分别为 4 个测量题项。基本心理需要的测量题项如表 5-2 所示。

表 5-2　基本心理需要的测量题项

变量名	测量题项
自主需要	在这个移动短视频平台上，我有不同的活动可供选择（浏览、评论、发布短视频）
	我可以自由使用这个移动短视频平台
	我可以自由决定在这个移动短视频平台上做什么
	我使用这个移动短视频平台是因为我想使用它
胜任需要	周围的人告诉我，我选择使用该移动短视频平台是明智的
	我感觉我有能力使用这款移动短视频平台去学习有趣的新知识或新技能
	大多数时候，我能从使用这款移动短视频平台上获得成就感
关系需要	在使用移动短视频平台的时候，我觉得别人在乎我做什么
	在使用移动短视频平台的时候，我感到得到了别人的支持
	在使用移动短视频平台的时候，我觉得自己对别人来说很有价值
	在使用移动短视频平台的时候，我觉得我得到了别人的理解

5.1.3 态度契合的测量

态度契合的测量量表主要参考了 Vivek（2009）的研究，共计 6 个测量题项。态度契合的测量题项如表 5-3 所示。

表 5-3 态度契合的测量题项

变量名	测量题项
态度契合	我非常喜欢这个移动短视频平台
	我对参与这个移动短视频平台充满热情
	我非常关注这个移动短视频平台的所有内容
	与这个移动短视频平台有关的事情都能引起我的注意
	当我与移动短视频平台成员互动频繁时，我更享受这个移动短视频平台的氛围
	当我周围的人也加入这个移动短视频平台时，这个移动短视频平台变得更加有趣了

5.1.4 行为契合的测量

行为契合被划分为持续浏览和 UGC 两个维度。其中，持续浏览的测量量表参考了 Papacharissi 和 Rubin（2000）的研究，共计 3 个测量题项；UGC 的测量量表参考了王飞飞和张生太（2018）的研究，共计 4 个测量题项。行为契合的测量题项如表 5-4 所示。

表 5-4 行为契合的测量题项

变量名	测量题项
持续浏览	我经常在移动短视频平台上观看热门的短视频及其评论
	我主动在移动短视频平台上搜索感兴趣的短视频
	我通常能够在这个移动短视频平台上完整地观看一段短视频

续表

变量名	测量题项
UGC	我会在移动短视频平台上记录和保存自己的生活经历和想法
	我会在移动短视频平台上转发其他人的短视频或评论
	我会在移动短视频平台上点赞其他人的短视频或评论
	我会在移动短视频平台上以发表评论的方式参与更多的讨论

5.2 问卷设计与数据收集

本书采用问卷调查方式收集数据，问卷的调查对象为使用过移动短视频平台的用户。问卷共包括两部分：第一部分，收集被测对象的基本信息，包括性别、年龄、学历、使用频率以及使用年限，还收集了该被测对象使用最频繁的移动短视频平台，包括抖音、快手、微信视频号、哔哩哔哩、微博视频号等。第二部分，借助国内外成熟量表，形成了初步问卷。在预调研期间，选取桂林理工大学的教授、副教授和研究生共计30人进行了预调研，修改了问卷里不清晰和有歧义的措辞，形成最终测量问卷（见附录4）。调查问卷采用李克特5级量表，选项1~5分别表示很不符合、不符合、一般、符合、很符合，被测对象根据在移动短视频平台使用过程中的真实经历和感受来作答。

问卷的发放选取了问卷星服务平台，每份合格问卷收费8元。另外，还通过微信、腾讯QQ等平台进行问卷转发。问卷发放的时间为2021年11~12月。在经过一个多月的数据收集后，共计回收问卷379份，排除未曾使用过移动短视频平台等无效问卷之后，剩余有效问卷

252 份，问卷有效率为 66.5%。问卷数量应该满足以下两个基本条件：第一，问卷数量应至少为变量数量的 10 倍；第二，问卷数量应当为测量题项数量的 5 倍。本书有效问卷的数量同时满足以上两个条件，因此接下来将进行数据的描述性统计分析及数据模型的检验。

5.3　描述性统计分析

5.3.1　样本描述性统计分析

对回收的 252 份有效问卷进行样本的描述性统计分析，具体情况如下：在性别方面，男性占比为 33.3%，女性占比为 66.7%。在年龄段方面，18 岁以下的占比为 0.4%，18~30 岁的占比为 82.1%，31~40 岁的占比为 13.1%，41~50 岁的占比为 3.6%，51 岁以上的占比为 0.8%。在学历方面，高中或高中以下占比为 5.2%，大学专科占比为 4.8%，大学本科占比为 71.3%，硕士研究生占比为 17.5%，博士研究生占比为 1.2%。在使用最频繁的移动短视频平台方面，使用抖音的占比为 62.7%，使用快手的占比为 7.5%，使用微信视频号的占比为 2.0%，使用哔哩哔哩的占比为 20.6%，使用微博视频号的占比为 1.6%，使用其他类型小视频如小红书、微视等的占比为 5.6%。在每天使用频率方面，每天使用频率在 1 次以内的占比为 4.4%，每天使用频率在 1~2 次的占比为 25.40%，每天使用频率在 3~4 次的占比为 32.1%，每天使用频率在 5 次以上的占比为 38.1%。在使用年限方面，用户使用年限在 1 年以下的占比为 5.2%，使用年限在 1~2 年的占比为 25.0%，使用年限在 2~3 年的占比为 38.5%，使用年限在 3 年以上的占比为 31.3%。本书的有效样本结构描述如表 5-5 所示。

表 5-5　有效样本结构描述　　　　　　单位：%

特征	选项	比例
性别	男	33.3
	女	66.7
年龄	18 岁以下	0.4
	18~30 岁	82.1
	31~40 岁	13.1
	41~50 岁	3.6
	51 岁以上	0.8
学历	高中或高中以下	5.2
	大学专科	4.8
	大学本科	71.3
	硕士研究生	17.5
	博士研究生	1.2
使用最频繁的移动短视频平台	抖音	62.7
	快手	7.5
	微信视频号	2.0
	哔哩哔哩	20.6
	微博视频号	1.6
	其他	5.6
每天使用频率	1 次以内	4.4
	1~2 次	25.4
	3~4 次	32.1
	5 次以上	38.1
使用年限	1 年以下	5.2
	1~2 年	25.0
	2~3 年	38.5
	3 年以上	31.3

5.3.2　变量描述性统计分析

移动短视频平台用户的信息获取处于中等偏上水平，高于信息获取的理论平均值（M=12）；休闲娱乐处于中等偏上水平，高于休闲娱乐的理论平均值（M=9）；获得关注处于中等偏上水平，高于获得关注的理论平均值（M=12）；社会交往处于中等偏上水平，高于社会交往的理论平均值（M=12）。移动短视频平台用户的自主需要处于中等偏上水平，高于自主需要的理论平均值（M=12）；胜任需要处于中等偏上水平，高于胜任需要的理论平均值（M=9）；关系需要处于中等偏上水平，高于关系需要的理论平均值（M=12）。移动短视频平台用户的态度契合处于中等偏上水平，高于态度契合的理论平均值（M=18）；持续浏览处于中等偏上水平，高于持续浏览的理论平均值（M=9）；移动短视频平台用户的 UGC 处于中等偏上水平，高于 UGC 的理论平均值（M=12）。变量的描述性统计分析如表 5-6 所示。

表 5-6　变量的描述性统计分析

变量名称	最小值	最大值	平均值	标准差
信息获取	4	20	15.389	2.089
休闲娱乐	3	15	12.274	1.931
获得关注	4	20	12.623	3.884
社会交往	4	20	12.071	3.501
自主需要	4	20	16.135	2.391
胜任需要	3	15	10.067	2.359
关系需要	4	20	12.135	3.367
态度契合	6	30	21.821	4.153
持续浏览	3	15	11.754	1.944
UGC	4	20	12.667	3.311

5.4　共同方法偏差检验结果

共同方法偏差指的是因为同样的数据来源或评分者、同样的测量环境、项目语境以及项目本身特征所造成的预测变量与效标变量之间人为的共变。这种人为的共变对研究结果产生严重的混淆并对结论有潜在的误导，是一种系统误差。共同方法偏差在心理学、行为科学研究中特别是采用问卷法的研究中广泛存在。共同方法偏差很大程度上影响了研究结果，因此检验共同方法偏差具有重要意义。采用 Harman（1967）的单因子检验，结果显示首个因子解释的变异量为 37.763%，低于临界值 50%。因此，本书认为研究结果受到共同方法偏差的影响较小。

第 **6** 章

数据处理与模型检验

本章主要进行问卷的数据处理以及研究模型的假设检验。具体包括如下内容：首先，对各变量进行信度及效度分析；其次，采用结构方程模型对主效应假设进行检验；最后，采用 Bootstrap 法对基本心理需要、态度契合的中介效应假设进行检验。

6.1 信效度分析

6.1.1 使用情境的信效度分析

如表 6-1 所示，信息获取、休闲娱乐、获得关注和社会交往的 Cronbach's α 分别为 0.649、0.840、0.927 和 0.875，均大于 0.5，所有题项的 CITC 值均大于 0.3，并且删除任何一个题项，Cronbach's α 并没有得到提升，表明使用情境量表具有稳定性。另外，信息获取、休闲娱乐、获得关注和社会交往的组合信度（CR）分别为 0.795、0.904、0.926 和 0.914，均大于临界值 0.7，代表量表具有较高的一致性，通过了信度检验。

表 6-1 使用情境的信度分析

维度	题项	CITC	删除各项后的系数	Cronbach's α	CR	AVE
信息获取	IS1	0.403	0.599	0.649	0.795	0.493
	IS2	0.466	0.561			
	IS3	0.485	0.540			
	IS4	0.379	0.624			

续表

维度	题项	CITC	删除各项后的系数	Cronbach's α	CR	AVE
休闲娱乐	EN1	0.687	0.795	0.840	0.904	0.758
	EN2	0.735	0.747			
	EN3	0.692	0.790			
获得关注	GA1	0.791	0.917	0.927	0.926	0.758
	GA2	0.833	0.904			
	GA3	0.869	0.891			
	GA4	0.824	0.906			
社会交往	SO1	0.661	0.866	0.875	0.914	0.727
	SO2	0.743	0.835			
	SO3	0.776	0.822			
	SO4	0.748	0.833			

如表 6-2 所示，使用情境的 KMO 值为 0.878，大于临界值 0.5，并且通过了 Bartlett 球形检验，表明适合进行因子分析，所有题项的标准化因子载荷基本在 0.7 以上，共提取 4 个因子，累计方差解释率在 65.112%，各变量的 AVE 也都超出了 0.5 的可接受水平，因此，表明了使用情境的问卷量表具有较高的效度。

表 6-2　使用情境的效度分析

变量	题项	标准化因子载荷			
		1	2	3	4
信息获取	IS1	0.687	—	—	—
	IS2	0.738	—	—	—
	IS3	0.740	—	—	—
	IS4	0.638	—	—	—

续表

变量	题项	标准化因子载荷			
		1	2	3	4
休闲娱乐	EN1	—	0.860	—	—
	EN2	—	0.888	—	—
	EN3	—	0.863	—	—
获得关注	GA1	—	—	0.778	—
	GA2	—	—	0.892	—
	GA3	—	—	0.896	—
	GA4	—	—	0.911	—
社会交往	SO1	—	—	—	0.802
	SO2	—	—	—	0.861
	SO3	—	—	—	0.882
	SO4	—	—	—	0.864
Bartlett 球形检验	近似卡方	2148.041			
	自由度	105			
	显著性	0.000			
KMO		0.878			
累计方差解释率		65.112%			

6.1.2 基本心理需要的信效度分析

如表 6-3 所示,自主需要、胜任需要和关系需要的 Cronbach's α 分别为 0.786、0.789 和 0.891,均大于 0.5,所有题项的 CITC 值均大于 0.3,并且删除任何一个题项后,Cronbach's α 并没有得到提升,各个变量的组合信度(CR)均大于 0.7,说明了该量表具有较高的稳定性和内部一致性,表明使用情境量表具有良好的信度。

表 6-3　基本心理需要的信度分析

维度	题项	CITC	删除各项后的系数	Cronbach's α	CR	AVE
自主需要	AUT1	0.559	0.754	0.786	0.865	0.617
	AUT2	0.680	0.693			
	AUT3	0.541	0.764			
	AUT4	0.615	0.726			
胜任需要	COM1	0.661	0.681	0.789	0.859	0.670
	COM2	0.582	0.765			
	COM3	0.655	0.686			
关系需要	REA1	0.718	0.875	0.891	0.925	0.754
	REA2	0.778	0.853			
	REA3	0.759	0.860			
	REA4	0.786	0.850			

如表 6-4 所示，基本心理需要的 KMO 值为 0.888，大于临界值 0.5，并且通过了 Bartlett 球形检验，表明适合进行因子分析，所有题项的标准化因子载荷都在 0.7 以上，共提取 3 个因子，累计方差解释率在 63.161%。各个变量的 AVE 数值均在 0.5 之上，具有良好的收敛效度。因此，表明了基本心理需要的问卷量表具有较高的效度。

表 6-4　基本心理需要的效度分析

变量	题项	标准化因子载荷		
		1	2	3
自主需要	AUT1	0.757	—	—
	AUT2	0.842	—	—
	AUT3	0.740	—	—
	AUT4	0.798	—	—
胜任需要	COM1	—	0.807	—
	COM2	—	0.856	—
	COM3	—	0.791	—

续表

变量	题项	标准化因子载荷		
		1	2	3
关系需要	REA1	—	—	0.839
	REA2	—	—	0.880
	REA3	—	—	0.868
	REA4	—	—	0.885
Bartlett 球形检验	近似卡方	1336.675		
	自由度	55		
	显著性	0.000		
KMO		0.888		
累计方差解释率		63.161%		

6.1.3　态度契合的信效度分析

如表 6-5 所示，态度契合的 Cronbach's α 为 0.875，删除各项后的 Cronbach's α 为 0.857、0.846、0.852、0.848、0.852 和 0.866，整体的量表信度并没有得到显著提升，因此，不用删除任何题项。另外，态度契合的组合信度（CR）为 0.907，表明该量表具有良好的内部一致性，态度契合通过信度检验。

表 6-5　态度契合的信度分析

维度	题项	CITC	删除各项后的系数	Cronbach's α	CR	AVE
态度契合	CAE1	0.659	0.857	0.875	0.907	0.618
	CAE2	0.721	0.846			
	CAE3	0.690	0.852			
	CAE4	0.712	0.848			
	CAE5	0.692	0.852			
	CAE6	0.606	0.866			

如表 6-6 所示，态度契合的 KMO 值为 0.876，通过了 Bartlett 球形显著性检验，态度契合各个题项的标准化因子载荷均已超过 0.7，累计方差解释率为 61.819%，态度契合的 AVE 为 0.618，代表了良好的收敛效度，因此，态度契合量表具有良好的效度。

表 6-6　态度契合的效度分析

变量	题项	标准化因子载荷
		1
态度契合	CAE1	0.772
	CAE2	0.823
	CAE3	0.795
	CAE4	0.813
	CAE5	0.791
	CAE6	0.719
Bartlett 球形检验	近似卡方	689.497
	自由度	15
	显著性	0.000
KMO	0.876	
累计方差解释率	61.819%	

6.1.4　行为契合的信效度分析

如表 6-7 所示，持续浏览、UGC 的 Cronbach's α 分别为 0.695、0.783，整体的量表信度并没有因为删除任何一个题项得到显著提升，因此，不用删除任何题项，持续浏览的组合信度（CR）为 0.832，UGC 的组合信度（CR）为 0.861，均大于 0.7 的界限值，行为契合通过信度检验。

表 6-7　行为契合的信度分析

维度	题项	CITC	删除各项后的系数	Cronbach's α	CR	AVE
持续浏览	CB1	0.485	0.634	0.695	0.832	0.623
	CB2	0.572	0.524			
	CB3	0.476	0.647			
UGC	UGC1	0.564	0.745	0.783	0.861	0.609
	UGC2	0.618	0.715			
	UGC3	0.507	0.770			
	UGC4	0.682	0.682			

　　如表 6-8 所示，行为契合的 KMO 值为 0.768，通过了 Bartlett 球形检验，量表内所有的标准化因子载荷均超过 0.7，共提取出两个因子，累计方差解释率为 62.595%。除此之外，持续浏览的 AVE 值为 0.623，UGC 的 AVE 值为 0.609，均超过 0.5 的临界值，具备了良好的收敛效度。因此，行为契合量表具有良好的效度。

表 6-8　行为契合的效度分析

变量	题项	标准化因子载荷	
		1	2
持续浏览	CB1	0.771	—
	CB2	0.833	—
	CB3	0.762	—
UGC	UGC1	—	0.754
	UGC2	—	0.796
	UGC3	—	0.717
	UGC4	—	0.848
Bartlett 球形检验	近似卡方	523.474	
	自由度	21	
	显著性	0.000	

变量	题项	标准化因子载荷	
		1	2
KMO		0.768	
累计方差解释率		62.595%	

6.2 主效应检验

根据相关学者的建议（吴明隆，2010），χ^2/df 应严格小于3，CFI、TLI 大于0.9为模型拟合良好，0.8以上也可被视为可接受值，RMSEA 的建议值低于0.08。本书采用 Mplus7.0 软件进行研究假设的验证，模型拟合指数为 $\chi^2/df = 1.892$，CFI = 0.897，TLI = 0.888，RMSEA = 0.060，SRMR = 0.073，具有良好的适配度。

6.2.1 使用情境对基本心理需要的假设检验

信息获取→自主需要的标准化路径系数为0.504，p<0.001，说明信息获取能正向影响自主需要；信息获取→胜任需要的标准化路径系数为0.372，p<0.001，说明信息获取对胜任需要具有显著的正向影响。休闲娱乐→自主需要的标准化路径系数为0.431，p<0.01，说明休闲娱乐对自主需要产生了积极的影响；休闲娱乐→关系需要的标准化路径系数为0.030，p>0.05，说明休闲娱乐对关系需要的正向影响并没有达到显著水平。获得关注→胜任需要的标准化系数路径为0.363，p<0.001，说明获得关注对胜任需要产生显著的正向影响是成

立的。社会交往→胜任需要的标准化系数路径为 0.339，p<0.001，说明社会交往对胜任需要具有显著的正向影响；社会交往→关系需要的标准化系数路径为 0.382，p<0.001，说明社会交往对关系需要产生正向影响。

6.2.2　基本心理需要对态度契合的假设检验

自主需要→态度契合的标准化路径系数为 0.460，p<0.001，说明自主需要能正向影响态度契合。胜任需要→态度契合的标准化路径系数为 0.504，p<0.001，说明胜任需要对态度契合具有显著的正向影响。关系需要→态度契合的标准化路径系数为 0.131，p>0.05，说明关系需要对态度契合的正向影响并没有达到显著水平。

6.2.3　态度契合对行为契合的假设检验

态度契合→持续浏览的标准化路径系数为 0.806，p<0.001，说明态度契合正向促进持续浏览；态度契合→UGC 的标准化路径系数为 0.772，p<0.001，说明态度契合对 UGC 具有显著的正向影响。

以上主效应检验结果如表 6-9 所示。

表 6-9　主效应检验

假设路径	非标准化系数		标准化系数	
	β	T 值	β	T 值
信息获取→自主需要	0.690***	2.686	0.504***	2.738
信息获取→胜任需要	0.681***	2.824	0.372***	4.087
休闲娱乐→自主需要	0.423**	2.481	0.431**	2.485
休闲娱乐→关系需要	0.038	0.557	0.030	0.560
获得关注→胜任需要	0.314***	3.667	0.363***	3.799

假设路径	非标准化系数		标准化系数	
	β	T 值	β	T 值
获得关注→关系需要	0.396***	4.866	0.471***	5.362
社会交往→胜任需要	0.370***	2.787	0.339***	2.948
社会交往→关系需要	0.405***	3.830	0.382***	4.019
自主需要→态度契合	0.474***	6.261	0.460***	7.131
胜任需要→态度契合	0.388***	4.347	0.504***	4.692
关系需要→态度契合	0.104	1.453	0.131	1.425
态度契合→持续浏览	0.694***	6.842	0.806***	14.390
态度契合→UGC	0.984***	6.146	0.772***	14.772

注：∗ 表示 p<0.05，∗∗ 表示 p<0.01，∗∗∗ 表示 p<0.001。

6.3　中介效应检验

常用的中介效应检验是逐步回归法和 Sobel 检验法，逐步回归法检验中介效应功效低，而 Sobel 检验要求样本分布呈正态分布，在实际数据检验中正态分布是一个严苛的要求，使用 Bootstrap 方法去检验中介效应可以避免以上问题。根据 Preacher 和 Hayes（2008）的研究，Bootstrap 的置信区间不包含 0，则中介效应存在。本书采取 Bootstrap 法检验基本心理需要、态度契合的中介效应，设定 Bootstrap 样本数为 5000，检验在 95%的置信水平的中介效应。

6.3.1　基本心理需要的中介效应检验

信息获取到态度契合的总间接效应的区间为（0.387，0.631），总直接效应的区间为（0.045，0.311），总直接效应与总间接效应均不包含 0，信息获取通过自主需要到态度契合之间的 95% Bootstrap 区间为（0.093，0.251），信息获取通过胜任需要到态度契合路径的 95% Bootstrap 区间为（0.241，0.449）。因此，自主需要、胜任需要在信息获取与态度契合之间具有部分中介作用。

休闲娱乐到态度契合的总间接效应的区间为（0.147，0.350），总直接效应的区间为（0.168，0.386），总直接效应与总间接效应均不包含 0，休闲娱乐通过自主需要到态度契合之间的 95% Bootstrap 区间为（0.118，0.273），休闲娱乐通过关系需要到态度契合路径的 95% Bootstrap 区间为（-0.001，0.114）。因此，自主需要在休闲娱乐与态度契合之间具有部分中介作用，关系需要再休闲娱乐与态度契合之间中介效应不显著。

获取关注到态度契合的总间接效应的区间为（0.206，0.421），总直接效应的区间为（-0.027，0.149），表明总直接效应不显著。获取关注通过胜任需要到态度契合之间的 95% Bootstrap 区间为（0.165，0.339），获取关注通过关系需要到态度契合路径的 95% Bootstrap 区间为（-0.003，0.133）。因此，胜任需要在获取关注与态度契合之间具有完全中介作用，关系需要在获取关注与态度契合之间不具有中介效应。

社会交往到态度契合的总间接效应的区间为（0.222，0.417），总直接效应的区间为（0.002，0.183），总直接效应与总间接效应均不包含 0，社会交往通过胜任需要到态度契合之间的 95% Bootstrap 区间为（0.179，0.348），社会交往通过关系需要到态度契合路径的 95% Bootstrap 区间为（-0.006，0.126）。因此，胜任需要在社会交往与态度契合之间具有部分中介作用，关系需要在社会交往与态度契合之间不具有中介效应。

基本心理需要的中介效应检验结果如表 6-10 所示。

表 6-10 基本心理需要的中介效应检验

模型路径	Effect	SE	95%CI 下限	95%CI 上限	检验结果
信息获取→态度契合总间接效应	0.510	0.062	0.387	0.631	
信息获取→态度契合总直接效应	0.178	0.067	0.045	0.311	自主需要、胜任需要
信息获取→自主需要→态度契合	0.172	0.041	0.093	0.251	部分中介效应显著
信息获取→胜任需要→态度契合	0.338	0.052	0.241	0.449	
休闲娱乐→态度契合总间接效应	0.248	0.051	0.147	0.350	
休闲娱乐→态度契合总直接效应	0.277	0.056	0.168	0.386	自主需要部分
休闲娱乐→自主需要→态度契合	0.193	0.040	0.118	0.273	中介效应显著,
休闲娱乐→关系需要→态度契合	0.056	0.030	−0.001	0.114	关系需要中介 效应不显著
获得关注→态度契合总间接效应	0.312	0.056	0.206	0.421	
获得关注→态度契合总直接效应	0.061	0.045	−0.027	0.149	胜任需要完全
获得关注→胜任需要→态度契合	0.250	0.045	0.165	0.339	中介效应显著, 关系需要中介
获得关注→关系需要→态度契合	0.062	0.035	−0.003	0.133	效应不显著
社会交往→态度契合总间接效应	0.318	0.050	0.222	0.417	
社会交往→态度契合总直接效应	0.092	0.046	0.002	0.183	胜任需要部分
社会交往→胜任需要→态度契合	0.257	0.043	0.179	0.348	中介效应显著, 关系需要中介
社会交往→关系需要→态度契合	0.060	0.034	−0.006	0.126	效应不显著

6.3.2 态度契合的中介效应检验

自主需要到持续浏览之间直接效应的 95% Bootstrap 区间为 (0.223, 0.472),自主需要通过态度契合到持续浏览的间接效应的 95%Bootstrap 区间为 (0.157, 0.337),自主需要到持续浏览的直接效应的 95%Bootstrap 区间不包含零,自主需要通过态度契合到持续浏览的间接效应区间不包含零。因此,态度契合在自主需要和持续浏览之间具有部分中介效应。

胜任需要到持续浏览之间直接效应的 95% Bootstrap 区间为 (−0.100, 0.138),胜任需要通过态度契合到持续浏览的间接效应的

95%Bootstrap 区间为（0.229，0.451），胜任需要到持续浏览的直接效应的 95%Bootstrap 区间包含零，胜任需要通过态度契合到持续浏览的间接效应区间不包含零。因此，态度契合在胜任需要和持续浏览之间具有完全中介效应。

关系需要到持续浏览之间直接效应的 95% Bootstrap 区间为（-0.175，0.012），关系需要通过态度契合到持续浏览的间接效应的 95%Bootstrap 区间为（0.180，0.361），关系需要到持续浏览的直接效应的 95%Bootstrap 区间包含零，关系需要通过态度契合到持续浏览的间接效应区间不包含零。因此，态度契合在关系需要和持续浏览之间具有完全中介效应。

自主需要到 UGC 之间直接效应的 95%Bootstrap 区间为（-0.163，0.161），自主需要通过态度契合到 UGC 的间接效应的 95%Bootstrap 区间为（0.307，0.561），自主需要到 UGC 的直接效应的 95%Bootstrap 区间包含零，自主需要通过态度契合到 UGC 的间接效应区间不包含零。因此，态度契合在自主需要和 UGC 之间具有完全中介效应。

胜任需要到 UGC 之间直接效应的 95%Bootstrap 区间为（0.175，0.456），胜任需要通过态度契合到 UGC 的间接效应的 95%Bootstrap 区间为（0.162，0.371），胜任需要到 UGC 的直接效应的 95%Bootstrap 区间不包含零，胜任需要通过态度契合到 UGC 的间接效应区间不包含零。因此，态度契合在胜任需要和 UGC 之间具有部分中介效应。

关系需要到 UGC 之间直接效应的 95%Bootstrap 区间为（0.198，0.417），关系需要通过态度契合到 UGC 的间接效应的 95%Bootstrap 区间为（0.139，0.298），关系需要到 UGC 的直接效应的 95%Bootstrap 区间不包含零，关系需要通过态度契合到 UGC 的间接效应区间不包含零。因此，态度契合在关系需要和 UGC 之间具有部分中介效应。

态度契合中介效应的检验结果如表6-11所示。

表6-11　态度契合的中介效应检验

路径	效应类型	Effect	SE	95%CI下限	95%CI上限	检验结果
自主需要→态度契合→持续浏览	总效应	0.591	0.057	0.479	0.704	部分中介效应
	直接效应	0.348	0.063	0.223	0.472	
	间接效应	0.243	0.045	0.157	0.337	
胜任需要→态度契合→持续浏览	总效应	0.353	0.048	0.258	0.448	完全中介效应
	直接效应	0.019	0.060	−0.100	0.138	
	间接效应	0.334	0.057	0.229	0.451	
关系需要→态度契合→持续浏览	总效应	0.186	0.048	0.089	0.282	完全中介效应
	直接效应	−0.081	0.048	−0.175	0.012	
	间接效应	0.267	0.046	0.180	0.361	
自主需要→态度契合→UGC	总效应	0.427	0.079	0.271	0.584	完全中介效应
	直接效应	−0.001	0.082	−0.163	0.161	
	间接效应	0.428	0.064	0.307	0.561	
胜任需要→态度契合→UGC	总效应	0.579	0.054	0.473	0.685	部分中介效应
	直接效应	0.315	0.072	0.175	0.456	
	间接效应	0.264	0.053	0.162	0.371	
关系需要→态度契合→UGC	总效应	0.520	0.052	0.418	0.622	部分中介效应
	直接效应	0.308	0.056	0.198	0.417	
	间接效应	0.212	0.041	0.139	0.298	

6.4　控制变量检验

本书将5个控制变量逐步加入研究模型，用以检验控制变量对研究模型的影响。在加入控制变量前后，实证分析结果并没有发生变化，表明5个控制变量对研究模型的结果没有影响，具体结果如表6-12所示。

表 6-12   控制变量检验

假设路径	标准化系数及其显著性					
	无控制变量	加入性别	加入年龄	加入学历	加入使用频率	加入使用年限
信息获取→自主需要	0.505***	0.505***	0.506***	0.505***	0.505***	0.503***
信息获取→胜任需要	0.372***	0.372***	0.372***	0.372***	0.372***	0.372***
休闲娱乐→自主需要	0.431**	0.431**	0.431**	0.431**	0.431**	0.432**
休闲娱乐→关系需要	0.030	0.030	0.030	0.030	0.030	0.030
获得关注→胜任需要	0.364***	0.364***	0.363***	0.364***	0.363***	0.363***
获得关注→关系需要	0.471***	0.472***	0.471***	0.472***	0.471***	0.472***
社会交往→胜任需要	0.339***	0.339***	0.340***	0.340***	0.340***	0.338***
社会交往→关系需要	0.382***	0.382***	0.382***	0.382***	0.382***	0.381***
自主需要→态度契合	0.463***	0.463***	0.464***	0.462***	0.461***	0.461***
胜任需要→态度契合	0.497***	0.497***	0.497***	0.499***	0.501***	0.501***
关系需要→态度契合	0.133	0.133	0.134	0.131	0.133	0.133
态度契合→持续浏览	0.805***	0.806***	0.817***	0.805***	0.800***	0.794***
态度契合→UGC	0.796***	0.796***	0.797***	0.796***	0.792***	0.779***

注：*表示 $p<0.05$，**表示 $p<0.01$，***表示 $p<0.001$。

6.5   研究假设结果汇总

综合上述实证分析，本书的研究假设结果如表 6-13 所示。

表 6-13   研究假设结果汇总

研究假设	验证结果
H1a：信息获取对自主需要有显著的正向影响	支持
H1b：信息获取对胜任需要有显著的正向影响	支持
H2a：休闲娱乐对自主需要有显著的正向影响	支持

续表

研究假设	验证结果
H2b：休闲娱乐对关系需要有显著的正向影响	不支持
H3a：获得关注对胜任需要有显著的正向影响	支持
H3b：获得关注对关系需要有显著的正向影响	支持
H4a：社会交往对胜任需要有显著的正向影响	支持
H4b：社会交往对关系需要有显著的正向影响	支持
H5a：自主需要对态度契合有显著的正向影响	支持
H5b：胜任需要对态度契合有显著的正向影响	支持
H5c：关系需要对态度契合有显著的正向影响	不支持
H6a：态度契合对持续浏览有显著的正向影响	支持
H6b：态度契合对 UGC 有显著的正向影响	支持
H7a：自主需要在信息获取和态度契合之间具有中介效应	支持
H7b：自主需要在休闲娱乐和态度契合之间具有中介效应	支持
H7c：胜任需要在信息获取和态度契合之间具有中介效应	支持
H7d：胜任需要在获得关注和态度契合之间具有中介效应	支持
H7e：胜任需要在社会交往和态度契合之间具有中介效应	支持
H7f：关系需要在休闲娱乐和态度契合之间具有中介效应	不支持
H7g：关系需要在获得关注和态度契合之间具有中介效应	不支持
H7h：关系需要在社会交往和态度契合之间具有中介效应	不支持
H8a：态度契合在自主需要和持续浏览之间具有中介效应	支持
H8b：态度契合在胜任需要和持续浏览之间具有中介效应	支持
H8c：态度契合在关系需要和持续浏览之间具有中介效应	支持
H8d：态度契合在自主需要和 UGC 之间具有中介效应	支持
H8e：态度契合在胜任需要和 UGC 之间具有中介效应	支持
H8f：态度契合在关系需要和 UGC 之间具有中介效应	支持

第 **7** 章

研究结论与未来展望

本章对第 6 章的模型检验结果进行讨论分析，以揭示统计数据背后各变量之间的作用关系。此外，从完善移动短视频平台的基础功能、强化移动短视频平台用户的心理需要和引导移动短视频平台用户角色外行为三个方面为移动短视频平台如何提升用户契合给出管理建议，并指出本书的研究局限以及对未来研究进行展望。

7.1　研究结论探讨

7.1.1　使用情境与基本心理需要

7.1.1.1　信息获取对自主需要有显著的正向影响

研究结论表明，信息获取能正向影响自主需要。第一，从移动短视频平台获取信息能够从声音、图形、图像和视频等多个维度反映信息的完整度和真实性（刘锦宏等，2020），用户对信息获取的自由度远远高于传统媒介，因此，移动短视频平台用户相比传统媒介用户接触信息更具备自主性。第二，移动短视频平台具备灵敏的算法推荐机制，该机制能够敏锐地捕捉用户的偏好，在信息获取方面能够为用户精准地推送相关信息，避免产生信息冗余，移动短视频平台用户从而能够自由地把控信息获取效果。第三，移动短视频平台用户在利用短视频获取信息时，期望获取的信息能够得到有效利用（丁水平和林杰，2020），会自发地去寻找高质量的信息来源，这一信息获取动机也有效地触发了用户的自主需要。

7.1.1.2　信息获取对胜任需要有显著的正向影响

实证表明，信息获取对胜任需要能产生显著的正向影响。在短视频环境中，用户个体身处信息繁杂的外部环境，从中发掘有价值的信息（徐艳，2017），不仅能满足个体对信息的需要，更进一步提升了用户的胜任需要。另外，由于移动短视频平台情境下信息的多样性，信息获取过程并不一定简洁明了。具备良好的信息获取能力的用户具有明确的导向性，能快速识别出个体所需信息（王晰巍等，2021），加强了用户的胜任感。在短视频信息获取过程中，要求用户具备对移动短视频平台一定程度的理解和把握，比如掌握同一个短视频社区内的共同语言，用户因而能对获得的信息进行组织和利用，从而提升作为移动短视频平台用户的胜任需要。

7.1.1.3 休闲娱乐对自主需要有显著的正向影响

通过实证发现，休闲娱乐对自主需要具有积极影响。大多数用户使用移动短视频平台的目的是消遣，逃避来自现实的压力和焦虑。而在使用移动短视频平台进行消遣时，用户沉浸在使用移动短视频平台的情绪中，获得暂时的放松、愉悦和自由的快感。用户使用移动短视频平台的时间呈现碎片化特点，即表明用户即使只有片刻的时间也要进行娱乐消遣，从而体现了用户渴望自身支配时间的自主感，并尽力去满足自主需要。另外，移动短视频平台用户的休闲娱乐方式不仅仅局限于浏览他人视频，用户自身创作短视频和评价其他短视频也是消遣方式之一。在移动短视频平台情境中，用户具有高度自由去选择如何进行娱乐消遣，甚至被鼓励以多样的方式进行休闲娱乐活动，进而休闲娱乐可以从用户个体和移动短视频平台满足用户的自主需要。

7.1.1.4 休闲娱乐对关系需要的正向影响不显著

研究表明休闲娱乐对关系需要的正向影响不显著。以往的研究集中在 Facebook（Rebecca 和 Yu，2018）、微信（Wang，2017）等聚焦社交的移动应用产品上，在社交移动应用上进行休闲娱乐活动仍以建立维持关系为前提。尽管短视频也强调了"社交"，移动短视频平台更多的时候是作为 UGC 平台出现在大众视野里。出于娱乐消遣的目的使用移动短视频平台时，用户没有深度接触短视频内容产品和其他用户，用户缺少相关情感体验来维持关系需要。除此之外，用户使用移动短视频平台进行娱乐消遣多是碎片化时间，具有不连续性，难以产生情感共鸣。因此，用户并不关注是否与他人建立和维持关系，有别于 Facebook、微信情境下的强关系社交（处于彼此在线下环境中都熟识的情况）。在移动短视频平台情境中以及在休闲娱乐的目的之下，用户之间的弱关系决定了难以产生信任和获得稳定关系的结果，从而休闲娱乐不能在移动短视频平台情境下满足用户的关系需要。

7.1.1.5   获得关注对胜任需要有显著的正向影响

通过实证分析表明获得关注对胜任需要具有正向影响。第一，获得关注的底层逻辑是建立公众认可的外在自我形象（赵卓嘉和宝贡敏，2010）。移动短视频平台的媒介能够放大通过获得关注而满足的胜任需要。第二，在碎片化时代，注意力是一种稀缺资源，而这种资源成为短视频生产者抢夺的战略高地。因此，用户在浏览短视频内容时，更注重内容质量，当短视频生产者获取来自他人的关注，即表示自身生产的内容引起他人的认同和兴趣，短视频生产者在情感上获得满足感和成就感，进而获得粉丝关注，促进用户的胜任需要。第三，短视频生产者联结了大量的用户，而短视频生产者会成为被联结用户的关注焦点。短视频生产者发布的内容在短时间内集赞、点赞和评论是短视频发布者的影响力和号召力的体现。

7.1.1.6   获得关注对关系需要有显著的正向影响

研究的实证分析证明获得关注能够正向影响关系需要，主要原因在于：第一，关注者往往都会被给予一个共同身份，通过共同关注而虚拟聚集在一起。在移动短视频平台情境中，获得关注从本质上来讲是期望能获得他人的正面评价并以此来获取心理优势。用户针对共同关注、点赞和评论等行为无形之中促进了用户的归属感和情感联系，使用户产生了强烈的被需要感受，进而加深了关系需要。第二，在移动短视频平台情境中，用户以共同关注为支点，产生的情绪能进一步延伸至其他用户，使共同关注者具有趋同的情感感受。因此，用户之间能够共享情感状态，而移动短视频平台通过视频的剪辑以及背景音乐的播放能够进一步放大共同的情感感受，加深用户之间的群体印记，并从群体中获得支持感和认同感，满足了移动短视频平台用户的关系需要。

7.1.1.7 社会交往对胜任需要有显著的正向影响

本书通过数据分析证明社会交往正向影响胜任需要。胜任需要主要体现在被试者认为在移动短视频平台的社会交往能力能使用户相信自己的社交能力以及社交效果，还包括社会交往行为使用户认为通过移动短视频平台能够收获更好的社交体验。短视频媒介的社会交往是现实生活中的投射，经常参与互动、分享想法的移动短视频平台用户往往更容易获得点赞和正面的评论，进一步促进了移动短视频平台用户的能力感知，因而能满足用户的胜任需要。在移动短视频平台情境中，社会交往的主要特征是低社会成本以及时间成本，弱化了社会角色的顾虑。社会交往在移动短视频平台情境中更容易被用户掌控，用户可以通过点赞、评论等方式轻松展开社会性活动，弥补线下社会关系的缺失，更容易满足用户的胜任需要。

7.1.1.8 社会交往对关系需要有显著的正向影响

社会交往正向影响关系需要。关系需要体现在用户从移动短视频平台的社会交往活动中获得的关联感、支持感和归属感。移动短视频平台作为典型的双边平台帮助用户建立情感纽带，通过话题活动等丰富用户之间的交流互动，用户被鼓励在移动短视频平台情境中建立联系，用户之间的频繁互动能够促进共同语言的形成，有利于用户建立紧密的关系。另外，在移动短视频平台获得良好体验的用户会强化对移动短视频平台的联系，并为其他成员提供帮助，强化了用户的关系需要。移动短视频平台的用户具备社会属性，拥有相似价值观和兴趣的用户会自发地形成社群，高度相似的用户聚集在一起能够增强互动，用户对群体环境具有归属感并在社群中能够提升社会支持和被关注度，从而满足移动短视频平台用户的关系需要。

7.1.2　基本心理需要与态度契合

自主需要、胜任需要正向影响移动短视频平台用户的态度契合，而关系需要对态度契合的影响并不显著。这是因为自主需要和胜任需要的满足使用户对移动短视频平台的态度发生转变，促进用户产生偏好的情感状态。用户之所以展现契合的态度，是因为希望通过态度契合达成行为契合，并通过一系列的契合行为表达自我的能力，继而从移动短视频平台中实现自我控制感。另外，胜任需要对用户契合的影响大于自主需要，这与 Ntoumanis（2005）、李晓明和张辉（2017）的研究结论一致。这是因为达成态度契合的移动短视频平台用户希望能依靠自身为平台提供支持，因此满足自主需要可能不是最迫切的，他们更希望从移动短视频平台上寻找胜任感。移动短视频平台依赖用户的内容生成，用户在为移动短视频平台提供内容的同时不仅为平台提供帮助，而且通过平台的流量获得成就感。除此之外，自主需要促进用户对移动短视频平台产生短暂的心理愉悦和满足感，而胜任需要能够影响用户未来能否持续使用的意愿，用户更在意使用移动短视频平台获得有价值的内容，胜任需要要求用户具有一定的媒介使用素养，通过对胜任需要的不断满足，用户从移动短视频平台获得的价值也在增加。

关系需要对态度契合的影响不显著，这与以往的研究不一致（秦敏和李若男，2020）。以往的研究认为，关系需要能显著促进用户对于社交媒体的正向情感和态度，本书的结论是关系需要对态度契合仍具有正向影响但并未达到显著水平。分析其原因可能在于移动短视频平台是一个以用户生产内容和用户浏览内容为主要功能的平台，用户的胜任需要与自主需要对用户契合占据了主导地位，从而弱化了关系需要对用户契合的作用。另一个可能的原因是，移动短视频平台从多个层面强调娱乐属性，虽然娱乐属性能够促进用户之间的关系，但这种当下的、不稳固的关系缺乏用户对移动短视频平台形成积极态度的动力。而态度契合是用户对移动短视频平台长期累积的正面情感和态度，要求契合的用户对移动短视频平台建立长期和稳固的关系基础，以正面关系为纽带建立对移动短视频平台的积极认知和情感。

7.1.3 态度契合与行为契合

与大部分文献的结论一致（王高山等，2014；Hinson 等，2018），态度契合正向影响行为契合，即态度契合正向促进持续浏览和 UGC。持续浏览是"契合用户"的角色内行为，契合的用户与移动短视频平台产生稳固的情感纽带，为了匹配"契合用户"身份，用户会产生一定的排他性，能够持续性地接受来自短视频的碎片化信息，以此来观察、适应短视频的功能和特色。UGC 是角色外行为，契合的用户希望自身不仅能从移动短视频平台获得价值，更将个体的情感投射在平台上，希望通过用户贡献内容平衡用户与移动短视频平台之间的关系。对于移动短视频平台而言，用户贡献内容的收益远远大于用户浏览行为的收益，已经形成态度契合的用户则希望为平台提供更大的价值。从互惠角度分析，用户贡献内容强化了平台的内在价值，同时也意味着个体的相关知识和素养也得到提升。态度契合对持续浏览的影响效应大于对 UGC 的影响效应。这是因为同样作为契合行为，UGC 相比持续浏览需要投入更多的精力，并且要求用户具有相关的知识和能力，即 UGC 的能力要求要高于持续浏览的能力要求。对于大多数用户而言，移动短视频平台主要功能是娱乐消遣。在碎片化时代，相对于 UGC 而言，用户更愿意选择浏览行为。

7.1.4 基本心理需要的中介作用

研究结论表明在使用情境因素与态度契合的形成过程中存在四条具体的转化路径。

第一，自主需要与胜任需要在信息获取到态度契合之间具有部分中介效应。该结论表明，用户在移动短视频平台获取信息的过程中，满足了自主需要和胜任需要，进而转变为对移动短视频平台更高阶的情感表达，即态度契合。分析其原因在于在移动短视频平台信息繁杂，获得用户所需的信息需要依靠对信息的敏锐度，判断信息的真实性与准确性，促成用户在信息获取时的胜任需要和自主需要。不仅如此，在满足胜任需要和自主需要之后，用户在移动短视频平台上获取信息会形成依赖和惯性，加深了用户对移动短视频平台的态度契合。

第二，自主需要在休闲娱乐到态度契合之间具有部分中介效应，而关系需要的中介效应不显著。短视频缓解了用户在现实生活中的压力，并在移动短视频平台上进行互动，从而使用户能够在移动短视频平台上体验自主控制和被需要的感觉。因此，用户会因为多次的愉快体验对移动短视频平台产生积极的情绪，促进用户使用移动短视频平台，从而产生态度契合。而关系需要在休闲娱乐与态度契合之间的中介效应并不显著，是因为大多数用户利用移动短视频平台缓解压力，并没有与移动短视频平台的其他用户建立联系的意愿。除此之外，休闲娱乐仅停留在用户娱乐的层次，没有形成驱动态度契合的动力。

第三，胜任需要在获得关注与态度契合之间具有完全中介效应，而关系需要的中介效应不显著。在移动短视频平台，获得关注的用户吸纳关注数量是在某个移动短视频平台用户受欢迎程度的象征。从另外一个角度来看，用户关注数量越多越会增加用户的转移成本。因此，无论用户出于何种原因，获得关注的用户会持续使用同一个移动短视频平台，继而有利于用户在移动短视频平台态度契合的形成。另外，被关注者位于社会网络的中心，关注者则围绕被关注者展开，因此被关注者的网络中心性强于关注者。从这个角度来看，关注者与被关注者的身份不对等，被关注者并不需要花费太多精力去维持他们之间的关系，被关注者主要通过胜任需要去促进态度契合，从而弱化了关系需要的中介效应。

第四，胜任需要在社会交往到态度契合之间具有部分中介效应，而关系需要的中介效应不显著。在移动短视频平台进行社交不同于现实生活中面对面社交，短视频具有一定的匿名性，用户互相之间不能完全信任，并不会与他人轻易建立联系。另外，尽管在移动短视频平台能够聚集相同兴趣的用户，但这种关系的形成基于相同的兴趣和话题，显然这种短期的、不稳固的关系，不足以构成用户对移动短视频平台的态度契合。用户之间在移动短视频平台进行社交活动依靠发布评论和视频，需要基于一定的内容输出，才能与他人建立社交关系。用户的内容输出是价值观和个性的体现，甚至在虚拟世界具有一定的指代程度。与其他用户建立社交关系的原因是对输出的内容感兴趣。

在信息繁杂的移动短视频平台，能被人注意是能力的体现。用户基于积极的社交体验对移动短视频平台产生正面的情感，继而形成态度契合。

7.1.5 态度契合的中介作用

实证研究表明，态度契合在基本心理需要和行为契合之间具有中介效应。移动短视频平台用户通过使用平台实现了相应的价值或需要，而用户在满足了基本的心理需要之后，希望能与移动短视频平台建立更深层次的关系，即移动短视频平台用户对平台形成态度契合，而态度契合则会进一步引导用户自发地为平台创造更大的价值。

首先，态度契合在自主需要和行为契合具有中介效应。自主需要的满足能使用户产生自由、愉悦的情感，而用户则会进一步沉浸在短视频当中，这种情感催生了态度契合。态度契合只是一个短暂的过渡状态，用户在获得自身愉悦的同时，也希望通过平台实现更大的价值，因此进一步促进了行为契合。

其次，态度契合在胜任需要和行为契合具有中介效应。在胜任需要被满足之后，移动短视频平台用户认为通过移动短视频平台能展现其能力，对移动短视频平台形成积极的情感态度，而这种态度则会进一步驱动用户通过平台去实现更大的价值，因而会更乐意在移动短视频平台贡献内容和持续使用等契合行为。

最后，态度契合在关系需要和行为契合之间具有中介效应。关系需要维持了用户对外建立关系的渴求。用户因为建立关系而产生积极的体验，所以他们会强化对移动短视频平台正面的认知和情感，进而衍生出更多的契合行为。

7.2　管理启示

7.2.1　完善移动短视频平台的基础功能

由研究结论可知，用户使用移动短视频平台的情境因素对用户的自主需要、胜任需要产生显著作用，而对关系需要的影响不显著。因此，平台应当重视用户使用移动短视频平台的情境因素，而情境因素与移动短视频平台的基础功能息息相关。在移动短视频平台积极开发新功能和新场景的同时应该着重完善平台的基础功能，良好的基础功能可以为用户带来正面的使用体验，是用户契合形成的基石。

策略一：避免信息内容同质化，提供信息定制服务。移动短视频平台正在成为用户获取信息的重要渠道。然而，各大移动短视频平台的信息同质化日益严重。在信息时代，移动短视频平台希望通过追逐当下的热点抓住用户的眼球。在同一时间内，各大平台充斥着相同的话题和内容，会招致用户的反感情绪。因此，移动短视频平台应当提供差异化信息建立竞争壁垒，为用户提供独特的体验。平台方面应加快实施信息定制以及信息独家化的策略，提升用户的留存率。抖音已经积极开展相关活动，如抖音综艺、抖音短剧等。信息的差异化能够为用户提供差异化体验，增强用户对移动短视频平台的持续使用行为。

策略二：警惕过度娱乐化陷阱，注重平台内容引导。移动短视频平台主要以推荐的形式为用户提供内容。如果被推荐的内容满足准确性、新颖性和惊喜性的感知标准，则更容易吸引用户。然而，相当比例的用户认为推送的内容"低俗""没有意义"等。个性化推荐系统在短视频推送方面是一把"双刃剑"。一方面，个性化推荐能够捕捉用户的偏好，能在一定层面上延长用户的使用时间。另一方面，在碎片化信息时代，用户无法消化过多信息，则会选择质量低的内容，满足当下需要。而内容质量高的视频被个性化推荐系统排除在外，暴露了"劣币驱逐良币"的局限。因此，作为移动短视频平台的运营方，完全依赖个性化推荐系统会陷入过度娱乐化陷阱。因此，在大数据推荐的基础上，在不同的时间段结合当下热点推送相关话题，鼓励用户积极参与，实现平台内容的升级。

策略三：提升社交体验感，强化弱关系效应。作为社交内容分发平台，社交在一定程度上提升了用户对移动短视频平台的契合度。移动短视频平台的社交强度弱于微信等通信软件。在挣脱强关系的束缚之后，用户在面临移动短视频平台的其他用户时，弱关系能够维持社交需要的同时又不必承担过高的情感成本。另外，弱关系促进信息在不同圈层的流动，因而具备极快的、低成本和高效能的传播效率。移动短视频平台提供联结不同的地理距离和社会距离的用户机会，非常适合弱关系的建立和增长。移动短视频平台运营方应进一步挖掘弱关系在线上社交的潜力，并通过各种手段为在线弱关系创造存在条件。这不仅能够强化信息共享的功能，而且有利于用户提升社交体验感。

策略四：利用粉丝效应，鼓励用户积极创作。丰富的平台内容是移动短视频平台长久运营的必要条件，用户主动性创作内容成为关键。在用户主导逻辑下，用户成为移动短视频平台的重要资源，以内容生产者的角色为移动短视频平台持续提供价值。用户的持续产出内容是用户获得关注和粉丝的保证。较大的关注量和用户的自我呈现需要相辅相成。成就感以及自我实现成为内容创作者的重要心理驱力。抖音早期通过引入"网红"在平台上频繁活跃，带动粉丝进入移动短视频平台，为其成功引流。移动短视频平台应适当关注各个垂直领域的"头部网红"，令其在平台生产高质量的信息内容，为其粉丝起到良好的示范作用，并激励用户进一步的创作和内容创新。这样不仅增加了用户的活跃度，而且对提升平台内容质量有一定的作用。

7.2.2 强化移动短视频平台用户的心理需要

由研究结论可知，自主需要、胜任需要对态度契合产生正向效应，而关系需要对态度契合的正向影响不显著。因此，移动短视频平台运营方不仅要注重基础设施的建设，而且应该关注用户的心理需要，并进一步强化用户的情感体验。用户在使用移动短视频平台时，其心理需要在一定程度上折射了价值取向，是形成用户契合的前提条件。而用户对移动短视频平台的积极情感体验能够提升用户的态度契合。因此，针对用户的心理需要进行投资，对于移动短视频平台的营销推广具有战略意义。

策略一：赋予用户一定权限，调动用户能动性。移动短视频平台用户在适应移动短视频平台的内容以及模式之后，会提出更多的诉求。短视频平台在提供用户实质性支持的同时，应当开放一定的权限，强化其自主需要。强化自主需要可以通过以下措施实现：一方面，活跃领先用户予以适当授权，例如，参与审核作品、发起话题等活动。这些举措可以提升用户在该移动短视频平台的独特体验，增强用户的自由度。另一方面，可以鼓励用户参与移动短视频平台的建设，利用他们自身条件解决当前痛点。例如，移动短视频平台可以允许用户调整拍摄参数，甚至上传自己喜欢的滤镜、特效以及音乐，鼓励移动短视频平台用户自己解决问题，强化积极创新与创造的精神。

策略二：建立完善激励机制，提升用户心理效益。移动短视频平台以多种载体为用户提供自我展示的平台。在使用移动短视频平台期间，用户会主动寻求成就感与胜任感。移动短视频平台运营也可通过大数据追踪等方法甄别用户使用行为，细化用户使用等级，针对不同等级的用户采取不同的激励策略。例如，在移动短视频平台分享互动较多的用户，移动短视频平台应予以更多可视化的认可，优先推荐分享互动较多用户的视频作品，建立徽章制度，满足用户的成就感，激励用户自我成长。而对于关注数量较多的用户，移动短视频平台应给予一定的物质激励和授予特殊头衔，满足用户被认可的需要。除此之外，对于优秀的视频作品和评论等，移动短视频平台可设置星标，以引起其他用户的注意，不仅能提升优秀内容的曝光度，甚至起到激励其他用户的作用。

策略三：围绕平台内容，构建用户关系网络。研究结论表明，强调娱乐属性的移动短视频平台的关系需要对态度契合的影响并不显著。移动短视频平台可以利用"关系"缓解当下年轻人的"社交焦虑"。基于移动短视频平台关系特性，打造一个完全不同于强社交的社交模式。围绕平台内容，以短期关系为纽带，促进平台内容和信息的快速流动和传播。引进虚拟主播或虚拟粉丝，凭借虚拟人物的虚拟特性输出内容。用户由于新鲜感会过多关注该虚拟人物，既满足了用户在移动短视频平台的精神寄托，又不必承担过多的情感负担。此外，还可以重视短期关系并强化社区属性。结合短视频"短、平、快"的特点，利用短期关系网络迅速制造话题热点，加大其内容传播力度，对移动短视频平台的营销实践具有战略意义。

7.2.3 引导移动短视频平台用户角色外行为

根据研究结论，态度契合对持续浏览和 UGC 有正向的影响。因此，移动短视频平台运营方不仅需要重视态度契合，而且应该将营销重点聚焦在行为契合层面。鉴于用户使用移动短视频平台的主要目的是浏览和发布内容，移动短视频平台运营方提供的完善基础设施、改善用户情感体验等多项营销策略最终也会回归到提升用户契合行为层面上。因此，提升用户契合行为是移动短视频平台核心竞争力的重要体现。

策略一：提升内容精度，把"短"视频升级为"中"视频。移动短视频平台的内容主要集中在娱乐搞笑方面，尽管在使用过程中确实会浏览到自己感兴趣的视频，但很多用户在使用过后会认为使用移动短视频平台除了浪费时间不存在任何回报。基于时间付出的不经济性，许多用户会中断使用移动短视频平台。除此之外，尽管短视频内容丰富，但由于短视频时间限制，所承载的内容毕竟有限，无法呈现出更多信息的完整性和真实性。基于以上问题，移动短视频平台运营方应提升内容精度，加大知识型内容的投入，提升用户在使用移动短视频平台时的感知价值。另外，移动短视频平台还可以扶持专业的 MCN（Muti-Channel Network）机构，利用 MCN 机构的专业性输出高精度内容。移动短视频平台在提升内容精度的同时，也应放宽短视频的时长限制，其结果是更利于产出优质内容。例如，快手上线了专业团队制作的中长视频节目，聚焦于社会题材和网络电影的纪录片，该举措能够有效留存一部分移动短视频平台用户。

策略二：增大用户内容曝光度，激发用户创作意愿。用户生成内容是移动短视频平台长线发展的重中之重。然而，目前移动短视频平台用户的行为基本停留在观看和点赞等行为，用户主动创造内容少之又少。深究其原因可能是因为普通用户的输出内容质量普遍不高，因而移动短视频平台的推荐系统没有提供较高的曝光，用户缺乏持续输出内容的动力。因此，移动短视频平台可以采用活动、挑战等方式，邀请用户参与主题创作活动实现内容引导，逐步培养用户内容的产出意识。移动短视频平台也可以对用户的技能水平进行指导，让基于用户的场景发挥最大的观赏性，同时提供用户剪辑和拍摄技巧，并逐步构建用户成长体系。移动短视频平台还可以开放更多渠道，例如，提供剪辑软件和模板等。这些举措使短视频的制作变得更加简易，通过功能优化提高成片效果，进一步引导用户自身创作意识。

7.3　研究局限与展望

本书的研究仍然存在一定的不足和改进空间。第一，研究采用的是一次性问卷填写的方法收集数据。其不足之处在于问卷调查反映的是用户的主观感受，数据难免存在主观性，今后可以考虑利用相关程序和技术爬取移动短视频平台用户的相关数据，以更客观和真实的数据进行模型的验证。第二，理论模型仅考虑了中介效应，缺乏对移动短视频平台用户使用行为的边界条件的研究，未来可以考虑引入个体层面的调节变量，使得研究模型更严谨。第三，研究仅考虑了使用情境因素对移动短视频平台用户使用行为的影响，还存在许多其他因素未纳入研究模型，例如：用户的人格特质、移动短视频平台的特性等。后期研究可以从上述方面入手，为移动短视频平台的用户使用行为研究提供更完善、更全面的补充。

参考文献

［1］Advertising Research Foundation（ARF）. Engagement: Definitions and anatomy［R］. ARF White Paper, 2006.

［2］Ana M, Taboada B, Michelle M, et al. Dynamics of Engagement and Disaffection in a Social Studies Classroom Context［J］. Psychology in the Schools, 2017, 54（07）: 736−755.

［3］Apaolaza V, He J, Hartmann P. The Effect of Gratifications Derived from Use of the Social Networking Site Qzone on Chinese Adolescents' Positive Mood［J］. Computers in Human Behavior, 2014, 41（12）: 203−211.

［4］Bandura A. On the Functional Properties of Perceived Self−efficacy Revisited［J］. Journal of Management, 2012, 38（01）: 9−44.

［5］Barreda A A, Bilgihan A, Nusair K, et al. Generating Brand Awareness in Online Social Networks［J］. Computers in Human Behavior, 2015, 50（09）: 600−609.

［6］Bergkvist L, Bech−Larsen T. Two Studies of Consequences and Actionable Antecedents of Brand Love［J］. Journal of Brand Management, 2010, 17（07）: 504−518.

［7］Bi X, Tang C. Research on the Motives Affecting the Behavior of Short Video's Creators［J］. IEEE Access, 2020（08）: 188415−188428.

［8］Bostrom R P , Heinen J S . MIS Problems and Failures a Socio−

Technical Perspective ［J］. Management Information Systems Quarterly, 1977, 1（03）: 17-32.

［9］ Bowden J L H. The Process of Customer Engagement: A Conceptual Framework ［J］. Journal of Marketing Theory & Practice, 2009, 17（01）: 63-74.

［10］ Brodie R J, Ilic A, Juric B, et al. Consumer Engagement in a Virtual Brand Community: An Exploratory Analysis ［J］. Journal of Business Research, 2013, 66（01）: 105-114.

［11］ Cherns A. Principles of Socio-technical Design Revisted ［J］. Human Relations, 1987, 40（03）: 153-161.

［12］ Chun W C, Marton C. Information Seeking on the Web by Women in IT Professions ［J］. Internet Research, 2003, 13（04）: 267-280.

［13］ Connell J P, Wellborn J G. Competence, Autonomy, and Relatedness: A Motivational Analysis of Self-system Processes ［M］. Chicago: University of Chicago Press, 1991.

［14］ Deci E L, Eghrari H, Patrick B C, et al. Facilitating Internalization: The Self-determination Theory Perspective ［J］. Journal of Personality, 1994, 62（01）: 119-142.

［15］ Deci E L, Koestner R, Ryan R M. A Meta-analytic Review of Experiments Examining the Effects of Extrinsic Rewards on Intrinsic Motivation ［J］. Psychological Bulletin, 1999, 125（06）: 692-700.

［16］ Deci E L, Ryan R M. Handbook of Self-determination Research ［M］. Rochester: University of Rochester Press, 2004.

［17］ Deci E L, Ryan R M. The "What" and "Why" of Goal Pursuits: Human Needs and the Self-determination of Behavior ［J］. Psychological Inquiry, 2000, 11 (04): 227-268.

[18] Dessart L , Veloutsou C , Morgan A . Consumer Engagement in Online Brand Communities: A Social Media Perspective [J] . Journal of Product & Brand Management, 2014, 24 (01): 28-42.

[19] Dholakia U M , Blazevic V , Wiertz C , et al. Communal Service Delivery: How Customers Benefit from Participation in Firm－hosted Virtual P3 Communities [J] . Journal of Service Research, 2009, 12 (02): 208-226.

[20] Dolan R, Conduit J, Fahy J. Customer Engagement: Contemporary Issues and Challenges [M] . London: Routledge Publisher, 2015.

[21] Dolan R, Conduit J, Frethey－Bentham C, et al. Social Media Engagement Behavior: A Framework for Engaging Customers through Social Media Content [J] . European Journal of Marketing, 2019, 53 (02): 2213-2243.

[22] Doorn J V, Lemon K N, Mittal V, et al. Customer Engagement Behavior: Theoretical Foundations and Research Directions [J] . Social Science Electronic Publishing, 2010, 13 (03): 253-266.

[23] Duong G H , Wu W Y , Le L H. The Effects of Brand Page Characteristics on Customer Brand Engagement: Moderating Roles of Community Involvement and Comedy Production Contents, 2020, 27 (05): 531-545.

[24] Economist Intelligence Unit (EIU) . Beyond Loyalty: Meeting the Challenge of Customer Engagement, Part2 [EB/OL] . http: //graphics. eiu. com/files/ad_pdfs/eiu_ Adobe Engagement Pt_II_wp. pdf, 2007.

[25] Gan C, Li H. Understanding the Effects of Gratifications on the

Continuance Intention to Use WeChat in China: A Perspective on Uses and Gratifications [J]. Computers in Human Behavior, 2018 (78): 306-315.

[26] Glaser B G, Strauss A L. The Discovery of Grounded Theory: Strategies for Qualitative Research [M]. New Jersey: Transaction Publishers, 2009.

[27] Guardia J, Ryan R M, Couchman C E, et al. Within-person Variation in Security of Attachment: A Self-determination Theory Perspective on Attachment, Need Fulfillment, and Well-being [J]. Journal of Personality & Social Psychology, 2000, 79 (03): 367-384.

[28] Harman D. A Single Factor Test of Common Method Variance [J]. Journal of Psychology, 1967, 35 (01): 359-378.

[29] Harrigan P, Evers U, Miles M, et al. Customer Engagement with Tourism Social Media Brands [J]. Tourism Management, 2017 (59): 597-609.

[30] Hinson R, Boateng H, Renner A, et al. Antecedents and Consequences of Customer Engagement on Facebook: An Attachment Theory Perspective [J]. Journal of Research in Interactive Marketing, 2018, 13 (02): 204-226.

[31] Hollebeek L D, Srivastava R K, Chen T. S-D Logic-informed Customer Engagement: Integrative Framework, Revised Fundamental Propositions, and Application to CRM [J]. Journal of the Academy of Marketing Science, 2016, 47 (01): 161-185.

[32] Hollebeek L D, Glynn M S, Brodie R J. Consumer Brand Engagement in Social Media: Conceptualization, Scale Development and Validation [J]. Journal of Interactive Marketing, 2014, 28 (02): 149-165.

［33］ Hollebeek L D. Demystifying Customer Brand Engagement: Exploring the Loyalty Nexus ［J］. Journal of Marketing Management, 2011, 27 (7-8): 785-807.

［34］ Hong Z, Lu Y, Gupta S, et al. What Motivates Customers to Participate in Social Commerce? The Impact of Technological Environments and Virtual Customer Experiences ［J］. Information & Management, 2014, 51 (08): 1017-1030.

［35］ Huang Y T, Su S F. Motives for Instagram Use and Topics of Interest among Young Adults ［J］. Future Internet, 2018, 10 (08): 1-12.

［36］ Islam J U I, Rahman Z. The Impact of Online Brand Community Characteristics on Customer Engagement: An Application of Stimulus-Organism-Response Paradigm ［J］. Telematics & Informatics, 2017, 34 (04): 96-109.

［37］ Islam J U I, Hollebeek L D, Rahman Z, et al. Customer Engagement in the Service Context: An Empirical Investigation of the Construct, Its Antecedents and Consequences ［J］. Journal of Retailing and Consumer Services, 2019, 50 (09): 277-285.

［38］ Jenkins H, Ito M, Boyd D. Participatory Culture in a Networked Era: A Conversation on Youth, Learning, Commerce, and Politics ［M］. London: Polity Press, 2015.

［39］ Raacke J, Bonds-Raacke J. Myspace and Facebook: Applying the Uses and Gratifications Theory to Exploring Friend-networking Sites ［J］. Cyberpsychology & Behavior, 2008, 11 (02): 169-174.

［40］ Johnston M M, Finney S J. Measuring Basic Needs Satisfaction: Evaluating Previous Research and Conducting New Psychometric Evaluations of the Basic Needs Satisfaction in General Scale〔J〕. Contemporary Educational Psychology, 2010, 35（04）：280-296.

〔41〕Khan M L. Social Media Engagement：What Motivates User Participation and Consumption on YouTube?〔J〕. Computers in Human Behavior, 2017, 66（01）：236-247.

〔42〕Kong Y, Wang Y, Hajli S, et al. In Sharing Economy We Trust：Examining the Effect of Social and Technical Enablers on Millennials' Trust in Sharing Commerce〔J〕. Computers in Human Behavior, 2020, 108（07）：115-132.

〔43〕Kunz W , Seshadri S . From Virtual Travelers to Real Friends：Relationship-building Insights from an Online Travel Community〔J〕. Journal of Business Research, 2015, 68（09）：1822-1828.

〔44〕Legault L, Greendemers I, Pelletier L. Why Do High School Students Lack Motivation in the Classroom? Toward an Understanding of Academic Motivation and the Role of Social Support〔J〕. Journal of Educational Psychology, 2006, 98（03）：567-582.

〔45〕Leng G S, Lada S, Muhammad M Z, et al. An Exploration of Social Networking Sites（sns）to（tpb）and Intrinsic Motivation〔J〕. Journal of Internet Banking & Commerce, 2011, 16（02）：1-27.

〔46〕Lin M J J, Hung S W, Chen C J. Fostering the Determinants of Knowledge Sharing in Professional Virtual Communities〔J〕. Computers in Human Behavior, 2009, 25（04）：929-939.

〔47〕Luo N , Wang Y , Jin C , et al. Effects of Socialization Interactions on Customer Engagement in Online Travel Communities〔J〕. Internet Research, 2019, 29（02）：1509-1525.

［48］Luo X . Uses and Gratifications Theory and E－consumer Beha-viors：A Structural Equation Modeling Study ［J］. Social Psychology , 2010, 2（02）：34-41.

［49］Ma Anson T, Ng S, Cheung L, et al. How Do Uses of and Grati fications from Social Media Platforms Drive Responsible Birdwatching Beha-vior? ［J］. Global Ecology and Conservation, 2021, 27（06）：1-12.

［50］Mageau G A, Vallerand R J. The Coach－athlete Relationship：A Motivational Model ［J］. Journal of Sports Sciences, 2003, 21（11）：883-904.

［51］Mcquail D. McQuail's Mass Communication Theory ［M］. Lon-don：Sage Publications, 2005.

［52］Meng K S, Leung L. Factors Influencing TikTok Engagement Behaviors in China：An Examination of Gratifications Sought, Narcissism, and the Big Five Personality Traits ［J］. Telecommunications Policy, 2021, 45（07）：102-172.

［53］Molinillo S, Anaya R, Liébana F. Analyzing the Effect of Social Support and Community Factors on Customer Engagement and Its Impact on Loyalty Behaviors toward Social Commerce Websites ［J］. Computers in Human Behavior, 2020, 108（07）：207-233.

［54］Muhammad S S , Dey B L , Kamal M M , et al. Consumer En-gagement with Social Media Platforms：A Study of the Influence of Attitudi-nal Components on Cutting Edge Technology Adaptation Behaviour ［J］. Computers in Human Behavior, 2021, 121（08）：321-335.

［55］National Institute of Standards and Technology（NIST）. 2009-2010 Criteria for Performance Excellence ［S］. Gaithersburg：Baldrige National Quality Program, 2009.

[56] Ntoumanis N. A Prospective Study of Participation in Optional School Physical Education Using a Self – determination Theory Framework [J]. Journal of Educational Psychology, 2005, 97 (03): 444-453.

[57] Papacharissi Z, Rubin A M. Predictors of Internet Use [J]. Journal of Broadcasting & Electronic Media, 2000, 44 (02): 175-196.

[58] Park N, Kee K F, Valenzuela S. Being Immersed in Social Networking Environment: Facebook Groups, Uses and Gratifications, and Social Outcomes [J]. Cyberpsychology & Behavior, 2009, 12 (06): 729-733.

[59] Paula B, Isabel B, Sara C. Enhancing User Engagement: The Role of Gamification in Mobile Apps [J]. Journal of Business Research, 2021, 132 (08): 170-185.

[60] Preacher K J, Hayes A F. Asymptotic and Resampling Strategies for Assessing and Comparing Indirect Effects in Multiple Mediator Models [J]. Behavior Research Methods, 2008, 40 (03): 879-891.

[61] Prentice C, Han X Y, Hua L. The Influence of Identity–driven Customer Engagement on Purchase Intention [J]. Journal of Retailing and Consumer Services, 2019a, 47 (03): 339-347.

[62] Prentice C, Wang X, Correia M. The Influence of Brand Experience and Service Quality on Customer Engagement [J]. Journal of Retailing and Consumer Services, 2019b, 50 (09): 50-59.

[63] Rebecca D, Jodie C, John F, et al. Social Media Engagement Behaviour: A Uses and Gratifications Perspective [J]. Journal of Strategic Marketing, 2016, 24 (3-4): 261-277.

[64] Rebecca P Y, Yu W O. Social Media and Expressive Citizen-

ship: Understanding the Relationships between Social and Entertainment Expression on Facebook and Political Participation [J]. Telematics & Informatics, 2018, 35 (08): 2299-2311.

[65] Richards I, Foster D, Morgan R. Brand Knowledge Management: Growing Brand Equity [J]. Journal of Knowledge Management, 1998, 2 (01): 47-54.

[66] Rietveld R, Dolen W V, Mazloom M, et al. What You Feel, Is What You Like Influence of Message Appeals on Customer Engagement on Instagram [J]. Journal of Interactive Marketing, 2020 (49): 20-53.

[67] Shahbaznezhad H, Dolan R, Rashidirad M. The Role of Social Media Content Format and Platform in Users' Engagement Behavior [J]. Journal of Interactive Marketing, 2020, 53 (04): 47-65.

[68] Sheldon K M, Filak V. Manipulating Autonomy, Competence, and Relatedness Support in a Game-learning Context: New Evidence That All Three Needs Matter [J]. British Journal of Social Psychology, 2008, 47 (02): 267-283.

[69] Shen C X. Does School-related Internet Information Seeking Improve Academic Self-efficacy? The Moderating Role of Internet Information Seeking Styles [J]. Computers in Human Behavior, 2018, 86 (09): 91-98.

[70] Skinner E, Furrer C, Marchand G, et al. Engagement and Disaffection in the Classroom: Part of a Larger Motivational Dynamic? [J]. Journal of Educational Psychology, 2008, 100 (04): 765-781.

[71] Sony M, Naik S. Industry 4.0 Integration with Socio-technical Systems Theory: A Systematic Review and Proposed Theoretical Model [J].

Technology in Society, 2020, 61 (05): 162-180.

[72] Verhoef P C, Reinartz W J, Krafft M. Customer Engagement as a New Perspective in Customer Management [J]. Journal of Service Research, 2010, 13 (03): 247-252.

[73] Vivek S D. A Scale of Consumer Engagement [R]. Dissertations & Theses Gradworks, 2009.

[74] Vivek S D, Beatty S E, Vivek, et al. Generalized Multidimensional Scale for Measuring Customer Engagement [J]. Journal of Marketing Theory & Practice, 2014, 22 (04): 401-420.

[75] Wang D. A Study of the Relationship between Narcissism, Extraversion, Drive for Entertainment, and Narcissistic Behavior on Social Networking Sites [J]. Computers in Human Behavior, 2017, 66 (01): 138-148.

[76] Wang Y W. Humor and Camera View on Mobile Short-form Video Apps Influence User Experience and Technology-adoption Intent, An Example of TikTok (DouYin) [J]. Computers in Human Behavior, 2020, 110 (09): 264-282.

[77] Wirtz J, Ambtman A D, Bloemer J, et al. Managing Brands and Customer Engagement in Online Brand Communities [J]. Journal of Service Management, 2013, 24 (03): 223-244.

[78] Xi N, Hamari J. Does Gamification Satisfy Needs? A Study on the Relationship between Gamification Features and Intrinsic Need Satisfaction [J]. International Journal of Information Management, 2019, 46 (06): 210-221.

[79] Xue J, Liang X, Xie T, et al. See Now, Act Now: How to In-

teract with Customers to Enhance Social Commerce Engagement? ［J］. Information & Management, 2020, 57（06）: 223-241.

［80］Zhang M L, Guo L Y, Hu M, et al. Influence of Customer Engagement with Company Social Networks on Stickiness: Mediating Effect of Customer Value Creation ［J］. International Journal of Information Management, 2017, 37（03）: 229-240.

［81］Zhang T, Kandampully J, Bilgihan A. Motivations for Customer Engagement in Online Co-innovation Communities（OCCs）: A Conceptual Framework ［J］. Journal of Hospitality and Tourism Technology, 2015, 6（03）: 311-328.

［82］Zhang X, Wu Y, Liu S. Exploring Short-form Video Application Addiction: Socio-technical and Attachment Perspectives ［J］. Telematics and Informatics, 2019, 42（09）: 78-85.

［83］艾媒咨询.2018-2019中国短视频行业专题调查分析报告［EB/OL］.［2019-02-03］.https://www.iimedia.cn/c400/63582.html.

［84］丁水平，林杰.社会化媒体环境下消费者持续信息共享意愿影响因素实证研究——基于信息搜寻和信息分享的同步视角［J］.情报科学，2020，38（04）：131-139.

［85］高宏存，马亚敏.移动短视频生产的"众神狂欢"与秩序治理［J］.深圳大学学报（人文社会科学版），2018，35（06）：47-54.

［86］龚艳萍，曹玉，李见.短视频应用的特性对用户参与行为的影响：心理参与的中介作用［J］.情报科学，2020，38（07）：77-84.

［87］关磊.图书馆信息素养翻转课堂学习投入和学习效果模型研

究——以自我决定理论和学习投入理论为视角［J］. 图书馆工作与研究，2021（02）：56-67+112.

［88］关升亮，李文乔. 基于扎根理论的移动短视频用户使用行为影响因素研究［J］. 情报科学，2020，38（08）：57-61+158.

［89］郭新茹，康璐玮. 认知盈余视角下短视频平台内容创新生产研究［J］. 现代传播（中国传媒大学学报），2022，44（01）：66-73.

［90］韩小芸，花莲莲，陈舒萍，等. 虚拟社区质量、关系质量与顾客契合行为研究［J］. 长安大学学报（社会科学版），2019，21（03）：16-31.

［91］韩小芸，田甜，孙本纶. 旅游虚拟社区成员“感知—认同—契合行为”模式的实证研究［J］. 旅游学刊，2016，31（08）：61-70.

［92］贺爱忠，刘沙沙. 社交媒体品牌页面特征对顾客契合行为的影响［J］. 东北大学学报（社会科学版），2021，23（05）：31-38.

［93］胡仙，吴江，刘凯宇，等. 点赞社交互动行为影响因素研究——基于微信朋友圈情境［J］. 情报科学，2020，38（01）：36-41.

［94］黄敏学，廖俊云，周南. 社区体验能提升消费者的品牌忠诚吗——不同体验成分的作用与影响机制研究［J］. 南开管理评论，2015，18（03）：151-160.

［95］黄鑫昊，冯馨瑶. 大学生移动短视频主动发布意愿的动力机制研究［J］. 情报科学，2021，39（11）：83-89+95.

［96］黄艳，刘默扬，李卫东. 政务短视频用户信息分享行为研究——以抖音和快手平台的“青年学党史”作品合集为例［J］. 北京航空航天大学学报（社会科学版），2022，35（01）：92-101.

［97］匡亚林，李佳蓉．基于"S-O-R"框架的政务短视频持续使用群体画像模型构建［J］.情报杂志，2021，40（11）：161-168.

［98］李晶，薛晨琦，宋昊阳．人机交互中的社会临场感研究——以弹幕短视频为例［J/OL］.图书馆论坛：H2［2022-05-31］.ht-tp：//kns.cnki.net/kcms/detail/44.1306.g2.20211012.1020.002.html.

［99］李慢，张跃先．网络服务场景对顾客契合的作用机理：一个非递归模型［J］.财贸研究，2021，32（03）：98-109.

［100］李晓明，张辉．顾客品牌契合行为的心理机制研究：自我决定理论视角［J］.旅游学刊，2017，32（07）：57-68.

［101］刘锦宏，宋明珍，张玲颖，等.VR沉浸式阅读效果及其影响因素研究［J］.出版科学，2020，28（03）：29-35.

［102］骆培聪，王镇宁，赵雪祥．旅行社在线服务质量对顾客忠诚的影响——基于顾客契合中介作用［J］.华侨大学学报（哲学社会科学版），2020（03）：80-90.

［103］毛倩，顾颖，张洁．数字化体验环境、顾客—企业社会价值共创与顾客契合［J］.广东财经大学学报，2021，36（05）：61-74.

［104］孟陆，刘凤军，段珅，等.信息源特性视角下网红直播对受众虚拟礼物消费意愿的影响［J］.管理评论，2021，33（05）：319-330.

［105］孟艳华，罗仲伟，廖佳秋．网络直播内容价值感知与顾客契合［J］.中国流通经济，2020（09）：56-66.

［106］宁连举，肖朔晨，孙中原．网络社群中顾客契合对知识共享行为的影响机理研究——基于顾客信任的中介作用［J］.经济问题，2018（07）：44-49.

［107］秦敏，李若男．在线用户社区用户贡献行为形成机制研究：在线社会支持和自我决定理论视角［J］．管理评论，2020，32（09）：168-181．

［108］任高飞，陈瑶瑶．短视频社交媒体用户的使用动机、参与方式与个人工作绩效的关系研究［J］．科技促进发展，2020，16（11）：1449-1457．

［109］邵景波，张君慧，蔺晓东．什么驱动了顾客契合行为？——形成机理分析与实证研究［J］．管理评论，2017，29（01）：155-165．

［110］田晓旭，毕新华，杨一毫，王琳．政务短视频用户持续参与的影响因素研究［J］．情报杂志，2022，41（04）：144-151+172．

［111］王大海，段珅，张驰，等．绿色产品重复购买意向研究——基于广告诉求方式的调节效应［J］．软科学，2018，32（02）：134-138．

［112］王飞飞，张生太．移动社交媒体用户生成内容行为研究——以微信为例［J］．图书馆学研究，2018（05）：43-50．

［113］王高山，于涛，张新．电子服务质量对用户持续使用的影响：顾客契合的中介效应［J］．管理评论，2014，26（10）：126-137．

［114］王高山，张新，徐峰，等．电子服务质量对顾客契合的影响：顾客感知价值的中介效应［J］．大连理工大学学报（社会科学版），2019，40（02）：67-76．

［115］王建亚，张雅洁，程慧平．大学生手机短视频过度使用行为影响因素研究［J］．图书馆学研究，2020（13）：84-95．

［116］王松，丁霞，李芳．网络嵌入对虚拟品牌社区顾客参与价值共创的影响研究——自我决定感的中介和社区支持的调节［J］．软

科学，2019，33（11）：107-112.

［117］王微，王晰巍，娄正卿，等．信息生态视角下移动短视频 UGC 网络舆情传播行为影响因素研究［J］．情报理论与实践，2020，43（03）：24-30.

［118］王晰巍，孟盈，张响，等．信息素养视角下虚拟现实用户信息获取效果影响因素研究［J］．情报理论与实践，2021，44（09）：82-89.

［119］吴明隆．结构方程模型：AMOS 的操作与应用［M］．重庆：重庆大学出版社，2010.

［120］夏洪胜，肖淑兰．顾客契合行为对顾客承诺的影响研究——基于自我决定感视角的考察［J］．华南理工大学学报（社会科学版），2017，19（06）：34-46.

［121］熊开容，刘超，甘子美．刷抖音会上瘾吗？——短视频 App 用户沉浸式体验影响因素与形成机制［J］．新闻记者，2021（05）：83-96.

［122］徐艳．基于信息素养视角的碎片化阅读行为实证研究——以图书馆微信平台为例［J］．情报科学，2017，35（03）：76-81.

［123］徐颖，姜思博，郭雯君．虚拟社区 CSR 共创中顾客契合对知识共享行为的影响研究［J］．情报科学，2019，37（04）：130-136.

［124］闫幸，吴锦峰．盲盒顾客体验对消费者重复购买意愿的影响［J］．中国流通经济，2021，35（07）：85-95.

［125］杨晶，袁曦．基于期望确认理论的移动视觉搜索用户情感体验形成机制研究［J］．情报资料工作，2022，43（01）：92-101.

［126］杨志勇，赵芳芳．网络中心性对用户平台契合的影响研究——基于短视频情景的分析［J］．财经论丛，2021（08）：102-112.

［127］张大伟，王梓．用户生成内容的"阴暗面"：短视频平台用户消极使用行为意向研究［J］．现代传播（中国传媒大学学报），2021，43（08）：137-144．

［128］张辉，白长虹，牛振邦．顾客契合研究前沿探析［J］．南开管理研究，2015，10（01）：138-162．

［129］张敏，龙贝妮，邵欣，等．短视频 APP 用户持续使用意愿之形成机理及其治理展望——基于拟态陪伴的分析视角［J］．现代情报，2021，41（07）：49-59．

［130］张如静，杨葆华．短视频的传播机制［J］．青年记者，2018（23）：32-33．

［131］张星，吴忧，刘汕．移动短视频用户浏览和创造行为的影响因素分析［J］．图书情报工作，2019，63（06）：103-115．

［132］张梓轩，王海，徐丹．"移动短视频社交应用"的兴起及趋势［J］．中国记者，2014（02）：107-109．

［133］赵瑜．叙事与沉浸：Bilibili"互动短视频"的交互类型与用户体验［J］．西南民族大学学报（人文社会科学版），2021，42（02）：129-134．

［134］赵宇翔，朱庆华．Web2.0 环境下影响用户生成内容的主要动因研究［J］．中国图书馆学报，2009，35（05）：107-116．

［135］赵卓嘉，宝贡敏．面子需要对个体知识共享意愿的影响［J］．软科学，2010，24（06）：89-93．

［136］中国互联网络信息中心（CNNIC）．第 48 次中国互联网络发展状况统计报告［R］．2021．

［137］中国网络视听节目服务协会．网络短视频平台管理规范［R］．2019．

［138］中国网络视听节目服务协会．中国网络视听发展研究报告
［R］.2021.

［139］周泽鲲，乌铁红，唐文跃．旅游虚拟社区成员的参加动机
对其契合行为的影响——以户外旅行俱乐部为例［J］．资源科学，
2019，41（09）：1734-1746.

网络短视频平台管理规范及解读

附录1-1 网络短视频平台管理规范

开展短视频服务的网络平台，应当遵守本规范。

一、总体规范

1. 开展短视频服务的网络平台，应当持有《信息网络传播视听节目许可证》（AVSP）等法律法规规定的相关资质，并严格在许可证规定的业务范围内开展业务。

2. 网络短视频平台应当积极引入主流新闻媒体和党政军机关团体等机构开设账户，提高正面优质短视频内容供给。

3. 网络短视频平台应当建立总编辑内容管理负责制度。

4. 网络短视频平台实行节目内容先审后播制度。平台上播出的所有短视频均应经内容审核后方可播出，包括节目的标题、简介、弹幕、评论等内容。

5. 网络平台开展短视频服务，应当根据其业务规模，同步建立政治素质高、业务能力强的审核员队伍。审核员应当经过省级以上广电管理部门组织的培训，审核员数量与上传和播出的短视频条数应当相匹配。原则上，审核员人数应当在本平台每天新增播出短视频条数的千分之一以上。

6. 对不遵守本规范的，应当实行责任追究制度。

二、上传合作账户管理规范

1. 网络短视频平台对在本平台注册账户上传节目的主体，应当实行实名认证管理制度。对机构注册账户上传节目的（简称 PGC），应当核实其组织机构代码证等信息；对个人注册账户上传节目的（简称 UGC），应当核实身份证等个人身份信息。

2. 网络短视频平台对在本平台注册的机构账户和个人账户，应当与其先签署体现本《规范》要求的合作协议，方可开通上传功能。

3. 对持有《信息网络传播视听节目许可证》的 PGC 机构，平台应当监督其上传的节目是否在许可证规定的业务范围内。对超出许可范围上传节目的，应当停止与其合作。未持有《信息网络传播视听节目许可证》的 PGC 机构上传的节目，只能作为短视频平台的节目素材，供平台审查通过后，在授权情况下使用。

4. 网络短视频平台应当建立"违法违规上传账户名单库"。一周内三次以上上传含有违法违规内容节目的 UGC 账户，及上传重大违法内容节目的 UGC 账户，平台应当将其身份信息、头像、账户名称等信息纳入"违法违规上传账户名单库"。

5. 各网络短视频平台对"违法违规上传账户名单库"实行信息共享机制。对被列入"违法违规上传账户名单库"中的人员，各网络短视频平台在规定时期内不得为其开通上传账户。

6. 根据上传违法节目行为的严重性，列入"违法违规上传账户名单库"中的人员的禁播期，分别为一年、三年、永久三个档次。

三、内容管理规范

1. 网络短视频平台在内容版面设置上，应当围绕弘扬社会主义核心价值观，加强正向议题设置，加强正能量内容建设和储备。

2. 网络短视频平台应当履行版权保护责任，不得未经授权自行剪切、改编电影、电视剧、网络电影、网络剧等各类广播电视视听作品；

不得转发 UGC 上传的电影、电视剧、网络电影、网络剧等各类广播电视视听作品片段；在未得到 PGC 机构提供的版权证明的情况下，也不得转发 PGC 机构上传的电影、电视剧、网络电影、网络剧等各类广播电视视听作品片段。

3. 网络短视频平台应当遵守国家新闻节目管理规定，不得转发 UGC 上传的时政类、社会类新闻短视频节目；不得转发尚未核实是否具有视听新闻节目首发资质的 PGC 机构上传的时政类、社会类新闻短视频节目。

4. 网络短视频平台不得转发国家尚未批准播映的电影、电视剧、网络影视剧中的片段，以及已被国家明令禁止的广播电视节目、网络节目中的片段。

5. 网络短视频平台对节目内容的审核，应当按照国家广播电视总局和中国网络视听节目服务协会制定的内容标准进行。

四、技术管理规范

1. 网络短视频平台应当合理设计智能推送程序，优先推荐正能量内容。

2. 网络短视频平台应当采用新技术手段，如用户画像、人脸识别、指纹识别等，确保落实账户实名制管理制度。

3. 网络短视频平台应当建立未成年人保护机制，采用技术手段对未成年人在线时间予以限制，设立未成年人家长监护系统，有效防止未成人沉迷短视频。

附录1-2 《网络短视频平台管理规范》内容解读

1. 标题、简介、弹幕、评论均需审核

《网络短视频平台管理规范》（以下简称《规范》）要求，网络短视频平台应当积极引入主流新闻媒体和党政军机关团体等机构开设账户，增加正面优质短视频内容供给；平台上播出的所有短视频均应经内容审核后方可播出，包括节目的标题、简介、弹幕、评论等内容；根据业务规模，同步建立政治素质高、业务能力强的审核员队伍。原则上审核员人数应当在本平台每天新增播出短视频条数的千分之一以上。

2. 建"违法违规上传账户名单库"

《规范》要求，网络短视频平台应当建立"违法违规上传账户名单库"。一周内三次以上上传含有违法违规内容节目的用户原创内容的UGC账户以及上传重大违法内容节目的UGC账户，平台应当将其身份信息、头像、账户名称等信息纳入"违法违规上传账户名单库"。各网络短视频平台对"违法违规上传账户名单库"实行信息共享机制。对被列入"违法违规上传账户名单库"中的人员，各网络短视频平台在规定时期内不得为其开通上传账户。根据上传违法节目行为的严重性，列入"违法违规上传账户名单库"中的人员的禁播期，分别为一年、三年和永久三个档次。

3. 未经授权不得删改视听作品及片段

对于内容管理，《规范》要求网络短视频平台应当履行版权保护责任，不得未经授权自行剪切、改编电影、电视剧、网络电影、网络剧等各类广播电视视听作品以及片段；不得转发 UGC 上传的时政类、社会类新闻短视频节目；不得转发尚未核实是否具有视听新闻节目首发资质的 PGC 机构上传的时政类、社会类新闻短视频节目；不得转发国家尚未批准播映的电影、电视剧、网络影视剧中的片段以及已被国家明令禁止的广播电视节目、网络节目中的片段。

4. 确保落实账户实名制管理制度

技术管理的规范包括，网络短视频平台应当采用新技术手段，如用户画像、人脸识别、指纹识别等，确保落实账户实名制管理制度；网络短视频平台应当建立未成年人保护机制，采用技术手段对未成年人在线时间予以限制，设立未成年人家长监护系统，有效防止未成人沉迷短视频等内容。

附录 2

访谈提纲

尊敬的受访者：

您好！非常感谢您参与本次访谈。本次访谈的目的是调查移动短视频平台的用户使用行为。您只需要根据自身实际使用情况回答即可，回答结果无对错之分，本次访谈匿名进行，您所提供的所有资料仅供学术研究使用。我们承诺保证您的信息的保密性。您的回答对于我们的研究非常重要，请您认真回答！感谢您的参与！

一、被访者基本情况

1. 您的性别：　　　A. 男　　　B. 女

2. 您近期使用最频繁的移动短视频平台：

A. 抖音　　B. 快手　　C. 哔哩哔哩　　D. 微信视频号

E. 微博视频号　　F. 其他　　G. 从未使用过

3. 您使用该移动短视频平台的年限为：

A. 1 年以下　　B. 1~2 年　　C. 2~3 年　　D. 3 年以上

二、访谈问题

1. 您当初是通过何种途径下载该移动短视频平台？

2. 在您下载之后持续使用该移动短视频平台的原因是什么？它的哪些特征或内容对您吸引力比较大？

3. 该移动短视频平台能满足您哪些方面的心理需求？请列举介绍

一下。

 4. 您是否喜欢该移动短视频平台并觉得它很有趣？

 5. 您是否享受该移动短视频平台的氛围，并对其充满热情？是否有归属感？

 6. 您平时使用该移动短视频平台主要是浏览观看，还是会自己原创发布？

 7. 当您浏览到喜欢的短视频时，会点赞、评论、关注或转发吗？

 8. 您自己创作的短视频是什么样子的？可以简单介绍一下吗？

访谈记录

以下为访谈者与其中一位被访谈者的访谈对话记录。

问＝访谈者。

答＝被访谈者。

问：你平时经常使用的移动短视频平台是哪一个？

答：抖音。

问：那我们就以抖音这个移动短视频平台来进行下面的问题，根据自己的实际情况来回答就可以，你使用它有多长时间了？

答：我使用抖音有3~4年了吧。

问：3~4年，是不是从它（2016）推出的时候你就开始使用了？

答：可能是的。因为一般读高中的时候平常手机都碰不到，也就不会去使用。

问：基本上从大一开始用的？

答：嗯。

问：好的，那每天大概的使用时间呢？

答：我使用抖音是片段化的，比如说上厕所或者下课间隙看一下，累计起来应该差不多每天两个小时，当然还要看具体课程安排或者说是自己的时间。

问：比较零散，对吧？

答：对，有时候睡前可能也会再看一下。

问：但不会那种特别集中的那个时间段。

答：特别集中的话，可能就在睡前刷半个小时，然后再睡觉。

问：那你最开始是通过什么途径下载的抖音？比如说听朋友推荐的还是看周围都在使用，你就下载了。

答：我是听朋友说的吧，读高中的时候有时候聊天会聊起来某个人物或其他什么，就想了解他，就要去下载抖音看一下他的视频。

问：那你使用抖音的原因是什么？说一下哪些特征或内容对你的吸引力比较大？

答：我最开始可能是想去了解一些新鲜的人、事、物，因为身边的人都在聊吧，我会觉得我自己不知道这些可能会跟他们交流上出现一些障碍。后来就是在空余的时候打发时间，现在抖音已逐渐变成了我了解一些新鲜资讯的一个平台，因为有很多官方账号都入驻抖音了，所以了解一些时讯也可以通过抖音平台。还有就是抖音也可以增加我的社交，因为像我跟我的好朋友们会互相加抖音好友，在看到一些有趣的视频时，我们会互相分享。

问：在这个平台上你周围的朋友很多吗？你们会经常互动吗？

答：平常经常互动的，交流比较多的有 6~7 个，但是现实中认识的朋友在抖音上加了好友的可能有 20 来个。

问：那你会关注他们的动态吗？

答：会，像那种关系比较好的朋友我们一般都是互关，并且平常看到视频会直接分享给对方。

问：就是说别人看到好看的会推送给你，你看到有意思的也会推给你的朋友？

答：对对对。

问：那一般你这种相互关注的朋友都是熟悉的，有陌生的吗？

答：差不多都是熟悉的。

问：有陌生的，从抖音上认识的吗？

答：也会有，比如说我觉得他发的东西很合我的胃口，我就关注了他。然后他可能看到我关注他，他就回关，这种也会有，但还是少数，主要还是同学。同学朋友互相关注比较多。

问：那你使用它，想得到别人的关注吗？

答：一般是分享自己的生活。

问：你觉得抖音给你带来的最大的内心感受是什么？对你的触动有吗？

答：我觉得最大的触动，就是有时候刷抖音看到有些博主可能很普通的一个视频就可以获得几百万个或者几十万个点赞，会有一种自媒体时代流量为王的感觉。还有我朋友会给我分享一些普通人的生活，但有时候会突然爆火。

问：你的朋友有这样的？爆火的？

答：有，我之前有一个朋友拍了一个背书包的视频，那个书包形状特别大，发在抖音上一下子就获得了几十万的点赞。

问：她背个书包就几十万的点赞？

答：嗯，她那个包是特别大的那种。

问：是你的什么同学啊，初中、高中还是大学的？

答：是大学的一个学姐，莫名其妙就火了。

问：她就火了那一个视频吗？还是还有其他的？

答：她只火了那个视频，其他的视频可能也就十来个点赞。

问：她是视频内容还是那个文案火的？

答：应该是视频内容。

问：那她这种的，目的是想获得别人的关注吗？

答：没有，她当时可能是觉得好玩才分享的。

问：好的，那抖音能满足你哪些方面的需求呢？

答：一个是娱乐，还有个是时事新闻。还有我感觉抖音从某种程度上有点替代了百度的搜索功能，比如，我在桂林想去吃火锅，那我就会在抖音上搜桂林火锅，平台就会自动给我推荐很多火锅店出来。

问：哦，还有这个功能哈。

答：因为很多人在发布一个视频的时候，会加上相应的标签。所以有时候想找什么东西我可以直接在抖音上找，比如说现在秋季、冬季比较干燥，我想要补水，也可以去抖音上搜，就会有很多的好物分享出来。

问：那除了这个之外，你觉得在情感上或者与人交流上的这种需求有没有能够得到满足，比如得到别人的关心支持啊这方面。

答：会有吧。

问：那你在跟别人互动的时候是不是会想别人从情感上给你一些回应，比如说你评论了之后，会不会有很多点赞的？

答：好像不多。

问：那你是否喜欢抖音这个平台，觉得它很有趣？

答：喜欢，但有的时候会觉得它很影响自己，浪费时间。像我身边的好多同学会隔一段时间把抖音给卸载了，过几天又下载回来。

问：为什么又下回来？

答：因为可能是控制不住想要刷抖音，但是又觉得一刷就会刷两三个小时，有点浪费时间。

问：你喜不喜欢它的那个氛围？有没有归属感？是不是充满热情？

答：这种氛围还是挺喜欢的，但是我觉得归属感可能少一点，我业余时间也不是只刷抖音，因为有时候刷抖音会有一些比较低俗或者无趣的内容出现。热情还行吧，但是有的时候发布在抖音上的作品感觉都没有几个赞，就感觉自己没有获得关注，所以在抖音上发布视频的热情可能会比较低，但是去刷抖音视频的热情还是有的。

问：但是你之前说你只是想分享自己的生活。

答：但是在分享生活的同时，是希望自己的生活被别人看到，或者说是希望得到他们的回应吧！

问：那你有发布过是吧？

答：嗯，我之前发过。

问：你发布频率怎样？还是说偶尔发布一两次？

答：一般看心情，可能我心情好的时候隔几天就发一个，不然一两个月都不发一条。而且抖音可以把公开的视频再仅自己可见，可以私密的。

问：那你是公开的多还是私密的多？

答：私密，我现在全部私密的，我之前发的是公开的，后来我觉得没啥意思，就把它全部都私密了。

问：那你现在发的话是公开的还是说基本都私密的？

答：发的时候肯定是公开，过两天觉得自己发的东西好像没什么营养或者没啥意思，我就又把它私密了。

问：如果有很多人点赞的话，你还会私密吗？

答：那可能就不会私密了。

问：给你点赞的人是你周围的朋友还是陌生人，哪些人多一些？

答：周围的朋友吧，而且抖音现在推出了一个功能可以看到你这条视频有哪些人看过。

问：那还是周围的朋友看得多，其他陌生人其实不太关注你发的。所以你也没有那种很高的成就感，是吧？

答：反正就觉得互动性会比较弱。

问：但是我记得之前周围的人会有很多点赞的。

答：同城是吗？我其实最近两个月都没有发抖音。

问：你的一个抖音短视频，最多的点赞大约能有多少人？

答：点赞最多的啊，我之前有一次发了一条抖音，点赞有 500 多。

问：那不少了。

答：那个抖音是我在读高二的时候发的，很早之前。

问：那个时候可能是因为刚推出来。

答：而且那个是我拍的第一条抖音，平台可能给了我一定流量吧。

问：那现在呢？

答：现在一般就两三个赞。

问：那你浏览的要多于发布的是吧？

答：嗯嗯，发布的相对要少很多。

问：针对浏览我再提一下问题，你会主动在抖音上搜索自己感兴趣的视频来观看吗？

答：我会去搜。

问：那你是搜的多还是平台推荐的看得多？

答：推荐多，还是经常直接划下去，有需求我才会去搜。

问：那当你看到自己喜欢的视频时，会有点赞评论，关注或者转发这些行为发生吗？

答：我一般都是点赞，或者转发，评论很少，或者我会在评论区直接艾特我姐妹说你们来看，转发的话就是直接转发到个人。

问：点赞、评论和转发哪种更多一些？

答：转发最多，我觉得对我有用的东西才会点赞。如果我觉得一个视频只是纯好玩，我可能就只是把这个快乐分享给身边的人，我不会去点赞它。

问：你一般转发的时候，是直接分享到抖音的平台呢？还是说我把这个视频下载下来再转发？

答：抖音平台。因为关系比较好的朋友，我们都会直接在抖音上互相关注，就可以直接发视频。

问：你创作的视频主要包含什么样的内容呢？你发布的视频都涉及哪些方面呢？比如说是日常生活呢，还是一些特效、模仿等？

答：我之前分享过日常，应该是去年吧，很流行用 Vlog 形式来记录一天的生活。我以前分享过这种，也分享过那种模仿的。抖音有一个热搜榜，比如说像前段时间那个光剑变装就是话题度很高的那种标签，我有时候会跟风去拍。还有时候会把自己的照片配上抖音的音乐再发布出来。

调查问卷

您好！您参与的是一项关于移动短视频平台用户使用行为的研究，调查对象为在移动短视频平台注册成为成员并参与其中的用户。您的回答是匿名的，问卷的全部结果仅供学术研究专用，我们将恪守科学研究的道德规范，问卷信息绝不做其他用途，敬请放心。请您仔细阅读每一项描述，并根据您的真实情况和想法回答。各题的答案无对错之分，凭第一感觉回答即可。您的回答对本研究而言非常重要，请您将所有问题填完，十分感谢您的协助和对本研究的支持！

一、基本情况

（1）您的性别：　　A. 男　　　B. 女

（2）您的年龄：　　A. 18 岁以下　　　B. 18~30 岁

　　　　　　　　　C. 31~40 岁　　　D. 41~50 岁

　　　　　　　　　E. 51 岁以上

（3）您的学历：　　A. 高中或高中以下　　　B. 大学专科

　　　　　　　　　C. 大学本科　　　　　　D. 硕士研究生

　　　　　　　　　E. 博士研究生

（4）请您选择一个近期使用最频繁的移动短视频平台：

A. 抖音　　B. 快手　　C. 哔哩哔哩　　D. 微信视频号

E. 微博视频号　　F. 其他　　G. 从未使用过

（5）您使用该移动短视频平台的年限为：

A. 1 年以下　　B. 1~2 年　　C. 2~3 年　　D. 3 年以上

（6）您每天的使用频率为：

A. 1 次以内　　B. 1~2 次　　C. 3~4 次　　D. 5 次以上

二、请您针对上述提到的最频繁使用的移动短视频平台回答下列问题。请根据您的感受和判断，在每一道题目的 5 个选项中选择一个最符合您实际情况的答案（单选）

（1）移动短视频平台让我了解关于最新时事消息。

A. 很不符合　B. 不符合　C. 一般　D. 符合　E. 很符合

（2）移动短视频平台为我提供了与我兴趣相关的信息和知识。

A. 很不符合　B. 不符合　C. 一般　D. 符合　E. 很符合

（3）移动短视频平台激励我探索新的信息和知识。

A. 很不符合　B. 不符合　C. 一般　D. 符合　E. 很符合

（4）在移动短视频平台上看到别人的内容给了我灵感。

A. 很不符合　B. 不符合　C. 一般　D. 符合　E. 很符合

（5）使用移动短视频平台很有趣。

A. 很不符合　B. 不符合　C. 一般　D. 符合　E. 很符合

（6）使用移动短视频平台让人放松。

A. 很不符合　B. 不符合　C. 一般　D. 符合　E. 很符合

（7）使用移动短视频平台让我感到快乐。

A. 很不符合　B. 不符合　C. 一般　D. 符合　E. 很符合

（8）移动短视频平台让我与其他移动短视频平台用户保持联系。

A. 很不符合　B. 不符合　C. 一般　D. 符合　E. 很符合

（9）移动短视频平台帮助我认识更多有相同兴趣的人。

A. 很不符合　B. 不符合　C. 一般　D. 符合　E. 很符合

（10）移动短视频平台帮助我有效地与其他移动短视频平台用户交流想法。

A. 很不符合　B. 不符合　C. 一般　D. 符合　E. 很符合

（11）其他移动短视频平台用户希望我在移动短视频平台上保持活跃。

A. 很不符合　B. 不符合　C. 一般　D. 符合　E. 很符合

（12）我觉得通过移动短视频平台与他人分享我的兴趣爱好和经历等内容来提高我的形象。

A. 很不符合　B. 不符合　C. 一般　D. 符合　E. 很符合

（13）我觉得我可以通过在移动短视频平台上分享我的兴趣爱好和经历等内容来影响别人。

A. 很不符合　B. 不符合　C. 一般　D. 符合　E. 很符合

（14）我觉得我可以通过在移动短视频平台上自己的兴趣爱好和经历等内容给别人留下好印象。

A. 很不符合　B. 不符合　C. 一般　D. 符合　E. 很符合

（15）通过移动短视频平台分享我的兴趣爱好和经历等内容，帮助我向别人展示我最好的一面。

A. 很不符合　B. 不符合　C. 一般　D. 符合　E. 很符合

（16）周围的人告诉我，我选择使用该移动短视频平台是明智的。

A. 很不符合　B. 不符合　C. 一般　D. 符合　E. 很符合

（17）我感觉我有能力使用这款移动短视频平台去学习有趣的新知识或新技能。

A. 很不符合　B. 不符合　C. 一般　D. 符合　E. 很符合

（18）大多数时候，我能从使用这款移动短视频平台中获得成就感。

A. 很不符合　B. 不符合　C. 一般　D. 符合　E. 很符合

（19）在这个移动短视频平台中，我有不同的活动可供选择（浏览、评论、发布短视频）。

A. 很不符合　B. 不符合　C. 一般　D. 符合　E. 很符合

（20）我可以自由使用这个移动短视频平台。

A. 很不符合　B. 不符合　C. 一般　D. 符合　E. 很符合

（21）我可以自由决定在这个移动短视频平台中做什么。

A. 很不符合　B. 不符合　C. 一般　D. 符合　E. 很符合

（22）我使用这个移动短视频平台是因为我想使用它。

A. 很不符合　B. 不符合　C. 一般　D. 符合　E. 很符合

（23）在使用移动短视频平台的时候，我觉得别人在乎我做什么。

A. 很不符合　B. 不符合　C. 一般　D. 符合　E. 很符合

（24）在使用移动短视频平台的时候，我感到得到了别人的支持。

A. 很不符合　B. 不符合　C. 一般　D. 符合　E. 很符合

（25）在使用移动短视频平台的时候，我觉得自己对别人来说很有价值。

A. 很不符合　B. 不符合　C. 一般　D. 符合　E. 很符合

（26）在使用移动短视频平台的时候，我觉得我得到了别人的理解。

A. 很不符合　B. 不符合　C. 一般　D. 符合　E. 很符合

（27）我非常喜欢这个移动短视频平台。

A. 很不符合　B. 不符合　C. 一般　D. 符合　E. 很符合

（28）我对参与这个移动短视频平台充满热情。

A. 很不符合　B. 不符合　C. 一般　D. 符合　E. 很符合

（29）我非常关注这个移动短视频平台的所有内容。

A. 很不符合　B. 不符合　C. 一般　D. 符合　E. 很符合

（30）与这个移动短视频平台有关的事情都能引起我的注意。

A. 很不符合　B. 不符合　C. 一般　D. 符合　E. 很符合

（31）当我与移动短视频平台成员互动频繁时，我更享受这个移动短视频平台的氛围。

A. 很不符合　B. 不符合　C. 一般　D. 符合　E. 很符合

（32）当我周围的人也加入这个移动短视频平台时，这个移动短视频平台变得更加有趣了。

A. 很不符合　B. 不符合　C. 一般　D. 符合　E. 很符合

（33）我经常在移动短视频平台上观看热门的短视频及其评论。

A. 很不符合　B. 不符合　C. 一般　D. 符合　E. 很符合

（34）我主动在移动短视频平台上搜索感兴趣的短视频。

A. 很不符合　B. 不符合　C. 一般　D. 符合　E. 很符合

（35）我通常能够在这个移动短视频平台上完整地观看一段短视频。

A. 很不符合　B. 不符合　C. 一般　D. 符合　E. 很符合

（36）我会在移动短视频平台上记录和保存自己的生活经历和想法。

A. 很不符合　B. 不符合　C. 一般　D. 符合　E. 很符合

（37）我会在移动短视频平台上转发其他人的短视频或评论。

A. 很不符合　B. 不符合　C. 一般　D. 符合　E. 很符合

（38）我会在移动短视频平台上点赞其他人的短视频或评论。

A. 很不符合　B. 不符合　C. 一般　D. 符合　E. 很符合

（39）我会在移动短视频平台上以发表评论的方式参与更多的讨论。

A. 很不符合　B. 不符合　C. 一般　D. 符合　E. 很符合